門司港『bion』の
焼き菓子と
季節のケーキ

寺井きよみ

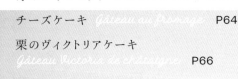

この本の決まりごと

レシピの分量は、小さじ1＝5㎖、大
さじ1＝15㎖です。材料のバターは
発酵バター（食塩不使用）を使ってい
ますが、バター（食塩不使用）でも作
れます。卵は1個約50gのMサイズ、
塩は天日塩（あら塩）を使用していま
す。オーブンの温度や加熱時間は電
気オーブンを使用した場合の目安で
す。熱源や機種により多少の違いが
あるので、様子を見ながら加減して
ください。デジタルスケールがある
と便利です。その他の材料と道具に
ついては、P94を参照してください。

chapitre 3

季節の保存食で作るお菓子

物語がある
おいしさ

心を豊かにする
たのしい食卓

お菓子作りの魅力は
夢中になって
作る楽しさ

甘い香りが漂ってくる
焼き上がりの熱々を
食べるしあわせ

そして何より

できたお菓子を

美味しそうに食べてくれる
大切な方々との食卓での
喜びです

お菓子作りで
大切にしていることは
素材のおいしさが
味わえるクラシカルな
レシピと
シンプルな組み立て

そして季節の果実や
お茶、ハーブなどで季節を
感じられることです

幼い頃から変わらず
今でも
新しいお菓子と出会える
ときめき

まだ見ぬお菓子との
出会いに日々
恋焦がれてます

この本で
はじめての
お菓子との出会いが
ありますように

bion 寺井きよみ

港町の小さなお菓子店より、
心を込めて。

　山と海に恵まれた九州の最北端、門司港の海
岸沿いにたたずむお菓子店bion（びおん）。

　「日音」とも書くこの店名は、木々を揺らす風
の音や波間に響く汽笛の音など、山や海からの
日々の音を感じながらお菓子と向き合うことを
思い、お店をはじめるときに名づけました。

　bionのお菓子はフランスの郷土菓子が中心。

　ジャムやクリームとともに、お茶やコーヒー
と味わっていただきたいと喫茶も営んでいます。

　国産小麦や全粒粉、発酵バターなど、おいし
くて身体にやさしい材料を使い、有機農法など
に取り組む農家さんのハーブや果物など、旬の
素材を取り入れたお菓子も登場します。

　この本は、お店の定番のクッキー缶が再現で
きる「焼き菓子」、お菓子教室の人気メニューを
4つの型で作る「季節のケーキ」、そして手作り
のコンポートなどを使った「保存食で作るお菓
子」の3つの章でお届けします。

　保存ができるパイ生地なども紹介するので、
お好きなときにお菓子作りを楽しんでください。

ひとつのお菓子ができあがるまで、
材料の分量を少しずつ変えたり、
合わせる素材や混ぜ込む素材を変えたり、
およそ数か月間をかけて試作を繰り返し
レシピを仕上げていきます。
さらさらの粉から美しくおいしいものへ。
お菓子は作る楽しさにあふれています。

chapitre 1

bionの定番焼き菓子

気軽に作れる焼き菓子は、
いくつもの種類を缶や箱に詰めて
贈りものやピクニックのおともに。
フランスの伝統がふわりと香る
ラングドシャ、フロランタン、ダコワーズ。
サブレやディアマンはナッツや茶葉を加えて
自分好みのアレンジも楽しめます。

Sable au beurre バターサブレ

左から ショコラ／カシューナッツ／紅茶とホワイトチョコレート

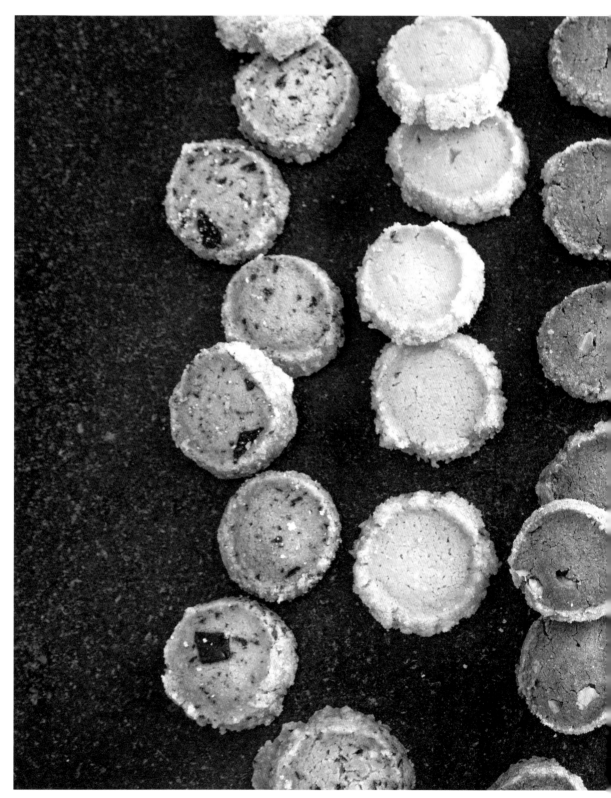

Diamant ディアマン

左から 緑茶ショコラ／ローズマリー／抹茶／アーモンドチョコ

バターサブレ
Sable au beurre

卵を入れずクラシカルな材料で作る、
風味豊かなバターサブレはbionの定番。
さくさくの食感とほどよい甘さが相まった
ついつい手がのびるおいしさです。
ナッツを混ぜたりチョコをディップしたり、
気軽にアレンジして楽しんでください。

ショコラ

材料　約30枚分
基本の材料
| 薄力粉　220g
| 全粒粉　30g
| きび砂糖　40g
| 粉糖　25g
| 発酵バター(食塩不使用)　180g
| 塩　ひとつまみ
| グラニュー糖　適量
| 打ち粉(強力粉)　適量
追加の材料
| チョコレート(コーティング用)　100g

下準備
・バターはクリーム状にしておく(P16参照)。
・オーブンは170度に予熱する。

作り方
P15〜16を参照。

保存期間
生地はラップで包み、冷蔵で4〜5日間、冷凍
で10日間ほど保存可。

カシューナッツ

材料　約30枚分
基本の材料　ショコラと同じ
追加の材料
| カシューナッツ　30g

追加の下準備
・カシューナッツは砕いておく

紅茶とホワイトチョコレート

材料　約30枚分
基本の材料　ショコラと同じ
追加の材料
| 紅茶(茶葉)　小さじ1
| ホワイトチョコレート(刻んだもの)　10g
| ホワイトチョコレート(コーティング用)　100g

**作り方(カシューナッツ、
紅茶とホワイトチョコレート共通)**
「バターサブレ・ショコラ(P14〜16)」の下準備と
作り方を参照し、追加の材料(コーティング用のチ
ョコレートを除く)を混ぜ合わせて生地をまとめ
る(P16「ブレンド生地の基本のテクニック」参照)。

1.
計量が必要な基本の材料をそれぞれ量っておく。

2.
ボウルにクリーム状にしたバターを入れてホイッパーで練り混ぜ、粉糖、きび砂糖、塩を加えてしっかり混ぜる。

3.
薄力粉と全粒粉をボウルに入れる。

4.
薄力粉と全粒粉をふるいながら2～3回に分けて加え、ゴムベラでその都度混ぜる。

point ミニホイッパーなどでかき混ぜながらふるうとダマがほぐれやすい。最後に残ったダマは指で押し出す。

5.
ボウルをまわしながらゴムベラでしっかり混ぜる。

6.
粉気がなくなって全体がなめらかになったら、手で生地をまとめる。

7.
生地をラップで包み、冷蔵庫で20～30分冷やす。

8.
生地を冷蔵庫から取り出して打ち粉をした台に生地をおき、カードで2つに分けて俵型にする。

9.
1つずつ転がしながら長さ20～25cmの棒状にする。

point 途中も打ち粉をして、手のひらにくっつかないようにする。

10.
2本の生地をそれぞれラップで包み、冷蔵庫で1時間ほど冷やす。

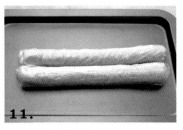

11.
生地を冷蔵庫から取り出してラップを外す。

12.

バットにグラニュー糖を広げ、生地を
おく。

point 転がしながら表面にグラニュ
ー糖をまぶす。

13.

包丁で厚さ1.2〜1.5cmにカットする。

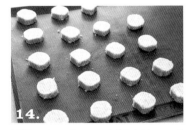

14.

天板にオーブンシート（またはシルパ
ット）を敷いて**13**を並べる。

15.

170度のオーブンで17〜20分焼く。

○チョココーティングの方法

刻んだチョコレートを湯煎で溶かし、1枚ずつ粗熱を取ったサブレの先端をつ
ける。オーブンシートを敷いたバットに並べ、冷蔵庫で15分ほど冷やす。

 →  →

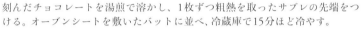

○ブレンド生地の基本のテクニック

〈粉類を混ぜ込む場合〉

粉類を一気に加えると混ざり
にくくマーブルになってしま
うことも。2〜3回に分けてス
トレーナー（こし器）などでふ
るいながら加えていく。

〈固形物を混ぜ込む場合〉

生地の粉気があるうちに加え
ると混ぜやすい。チョコレー
トが溶けたりナッツが粉々に
なったりしないように、練ら
ないで手早くさっくりと混ぜ
合わせていく。

○バターの下準備

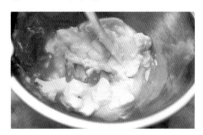

〈クリーム状にする場合〉

液体にならないように注意しながら、湯
煎（5秒を3〜5回）で温めて、耐熱ゴムベ
ラで混ぜながら溶かす（溶ける速度が一
定になるように、バターは2cm角ほどの
大きさに均一にカットしておく）。

〈溶かしバターにする場合〉

湯煎や電子レンジ（600W）30〜40秒で
様子を見ながら温めて溶かす。

Diamant

フランス語で「ダイヤモンド」を指すように、
キラキラと光る砂糖の粒が
食感のアクセントになって
おいしさを引き立ててくれる焼き菓子です。

ア
ー
モ
ン
ド
チ
ョ
コ

<u>材料　35枚分</u>
基本の材料
薄力粉　210g
アーモンドプードル　20g
粉糖　80g
発酵バター（食塩不使用）　150g
塩　ひとつまみ
グラニュー糖　適量
打ち粉（強力粉）　適量
追加の材料
アーモンドスライス　10g
チョコレート（刻んだもの）　10g

<u>下準備</u>
・アーモンドプードルはふるっておく。
・バターはクリーム状にしておく（P16参照）。
・オーブンは170度に予熱する。

<u>追加の下準備</u>
・アーモンドスライスは160度のオーブンで5
　～6分ほどローストしておく。

<u>作り方</u>
「バターサブレ・ショコラ（P14～16）」の作
り方を参照。**3,4**では、粉類にアーモンドプ
ードルを加える。**5**では、アーモンドスライ
スとチョコレート（追加の材料）を加えて混ぜ
合わせる（P16「ブレンド生地の基本のテクニ
ック」参照）。**12,13**では、刷毛で表面に水を
薄く塗って（**a**）グラニュー糖をたっぷりまぶ
し（**b**）、包丁で厚さ1～1.2cmにカットする。

ロ
ー
ズ
マ
リ
ー

<u>材料　30～35枚分</u>
基本の材料　アーモンドチョコと同じ
追加の材料
ローズマリー（フレッシュ）　3g

<u>追加の下準備</u>
・ローズマリーは葉を茎から外して刻んでおく。

抹
茶

<u>材料　30～35枚分</u>
基本の材料　アーモンドチョコと同じ
追加の材料
ヘーゼルナッツ　30g
抹茶　15g

<u>追加の下準備</u>
・ヘーゼルナッツは170度のオーブンで7分ほどロ
　ーストして砕いておく。
・オーブンは170度に予熱する。

緑
茶
シ
ョ
コ
ラ

<u>材料　30～35枚分</u>
基本の材料　アーモンドチョコと同じ
追加の材料
緑茶（茶葉）　3g
チョコレート（刻んだもの）　10g

<u>作り方（ローズマリー・抹茶・緑茶ショコラ共通）</u>
「ディアマン・アーモンドチョコ（左）」の下準備と
作り方参照。

<u>保存期間</u>
生地はラップに包み、冷蔵で4～5日間、冷凍で10
日間ほど保存可。

memo　生地の表面に水を薄く塗ることで、
バターサブレよりもグラニュー糖がたくさんつ
くようにします。

a

b
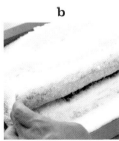

a プレーン/b 檸檬アイシング/c ココアとココアミックス/d スパイス/e ほうじ茶カモミール

Biscuits au beurre バタークッキー

Ornement オーナメント

動物や建物のシルエットなど、
いろいろな形で焼けるバタークッキー。
細い口金の先で生地に穴をあけておくと
オーナメントとしても楽しめます。

お気に入りの型で生地を抜くクッキーは、
手作りの楽しさを
思い出させてくれるお菓子です。
箱や缶、瓶などに詰めてラッピングすれば、
大切な方への贈りものにも。
生地は冷凍ストックがおすすめです。

Biscuits au beurre

プレーン

材料　作りやすい分量
基本の材料
| 薄力粉　175g
| 全粒粉　20g
| グラニュー糖　75g
| きび砂糖　15g
| 発酵バター(食塩不使用)　100g
| 卵　1/2個
| 塩　ひとつまみ

下準備
・バターはクリーム状にしておく(P16参照)。
・卵はは常温に出してほぐしておく。
・オーブンは170度に予熱する。

作り方
1. ボウルにクリーム状にしたバターを入れてホイッパーで練り混ぜ、グラニュー糖、きび砂糖、塩を加えてしっかり混ぜる。卵を2回に分けて加え、その都度しっかり混ぜ合わせる。
2. 薄力粉と全粒粉をふるいながら2〜3回に分けて加え、ゴムベラでその都度さっくり混ぜ合わせる。
3. ひとまとまりにしてラップで包み、冷蔵庫で2時間〜一晩休ませる。
4. 生地を冷蔵庫から取り出してラップを外し、オーブンシートを敷いた台にのせてラップをかけ、生地の両脇に厚さ3mmのルーラーをおいてめん棒でのばす(a)。
5. 直径5.5cmのセルクルや好みの型で抜き(b)、紐を通す場合は丸口金の先を使って穴をあける(c)(※生地がやわらかくて型が抜きにくい場合は、そのまま冷蔵庫に入れて冷やしてから抜く)。
6. 天板にオーブンシートを敷いて5を並べ、170度のオーブンで18〜21分焼く。

檸檬アイシング

材料　作りやすい分量
基本の材料　プレーンと同じ
追加の材料
| 粉糖　80g
| 檸檬汁　20g

作り方
「バタークッキー・プレーン(左)」の下準備作り方を参照。仕上げに、ボウルに粉糖と檸檬汁を入れてホイッパーでしっかり混ぜ合わせ、檸檬アイシングを作り、クッキーの粗熱が取れたら、刷毛でアイシングを塗る(d)。

ココアとココアミックス

材料　作りやすい分量
基本の材料　プレーンと同じ
追加の材料
| ココアパウダー　15g

作り方
「バタークッキー・プレーン(左)」の下準備と作り方を参照し、生地にココアパウダーを入れて作る。2では、薄力粉と全粒粉をふるいながら2〜3回に分けて加えるときにココアパウダーも一緒にふるって混ぜ合わせる。ミックスにする場合、4,5ではプレーンとココアの生地を半量ずつ並べてめん棒でのばし、生地の境目部分で型を抜く(e)。

保存期間
生地は平らにしてラップで包み、冷蔵で4〜5日間、冷凍で10日間ほど保存可。

<u>材料</u> 作りやすい分量
基本の材料 プレーンと同じ
追加の材料
　スパイス
　｜ナツメグパウダー　1g
　｜ジンジャーパウダー　2g
　｜シナモンパウダー　2g

<u>作り方</u>
「バタークッキー・プレーン(左)」の下準備と作
り方を参照。**2**では、生地を混ぜ合わせてから、
スパイスを加えて混ぜる(P16「ブレンド生地の
テクニック」参照)。

<u>材料</u> 作りやすい分量
基本の材料 プレーンと同じ
追加の材料
　｜ほうじ茶(茶葉)　3g
　｜カモミール(ドライ)　2g

<u>作り方</u>
「バタークッキー・プレーン(左)」の下準備と作
り方を参照。**2**では、生地を混ぜ合わせてから、
ほうじ茶とカモミールを加えて混ぜる(P16「ブ
レンド生地のテクニック」参照)。

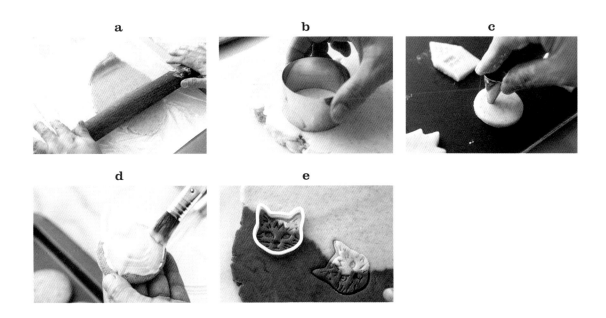

a　　　　b　　　　c

d　　　　e

香ばしいアーモンド風味の
軽い生地が楽しめるダコワーズ。
日本でおなじみの形は楕円形ですが、
絞り袋で手軽に作れる配合にすることで、
ころんとかわいらしい形に仕上げました。
バタークリームとの相性も抜群です。

Dacquoise

材料　15個分
メレンゲ
│ 卵白　120g
│ グラニュー糖　45g
アーモンドプードル　100g
薄力粉　20g
粉糖　70g
バタークリーム
│ 発酵バター(食塩不使用)　100g
│ ホワイトチョコレート(刻んだもの)　20g

下準備
・バターはクリーム状にしておく(P16参照)。
・ホワイトチョコレートは湯煎で溶かして
　おく。
・2つの絞り袋にそれぞれ1cmの丸口金を
　つけておく。
・オーブンは170度に予熱する。

---

memo　メレンゲをしっかりと泡立て
てから混ぜ合わせると、つぶれにくい生
地になります。絞るときはダレないよう
にスピーディにします。

作り方
1. ボウルに卵白を入れ、ハンドミキサーで泡立てる。ふ
んわりとしてきたらグラニュー糖を2〜3回に分けて
加え、ツノが立つまで撹拌してしっかりとしたメレン
ゲを作る(**a**)。

2. アーモンドプードルと粉糖をふるいながら加えてゴム
ベラでさっくり混ぜ、薄力粉もふるいながら加えて全
体がまとまるまで混ぜ合わせる。

3. 絞り袋に生地を入れ、天板にオーブンシートを敷いて
直径5cmくらいに丸く絞り(**b**)、粉糖(分量外)をふりか
ける。

4. 170度のオーブンで16〜18分焼き、粗熱が取れたら天
板から取り出す。

5. バタークリームを作り(下参照)、別の絞り袋に入れる。
焼き上がったダコワーズの半量に絞り(**c**)、クリーム
をサンドするように残りの半量をのせ、2枚1組にして
冷蔵庫で20分ほど冷やす。

◯バタークリームの作り方
1. ボウルにクリーム状にしたバターと溶かしたホワイト
チョコレートを入れて混ぜ合わせる。

2. 別のボウルに氷水をはって**1**を重ね、ホイッパーで好
みのかたさになるまで混ぜる。

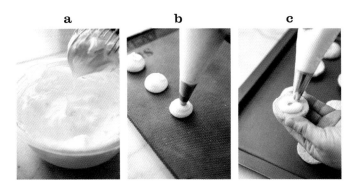

a　　**b**　　**c**

Langue de chat

「猫の舌」の意味を持つラングドシャは、
薄焼きのさくさくとした食感が食べやすく
万人に愛されてきた焼き菓子です。
細長く棒状に絞ったり
好みのクリームをサンドしたり、
その時々で自由に楽しんでください。

材料　30〜40個分
薄力粉　30g
アーモンドプードル　5g
粉糖　30g
卵白　30g
発酵バター(食塩不使用)　30g
チョコレートクリーム
｜ホワイトチョコレート(刻んだもの)　適量

下準備
・バターはクリーム状にしておく(P16参照)。
・絞り袋に1cmの丸口金をつけておく。
・オーブンは170度に予熱する。

---

memo　やわらかいチョコクリームは
口金をつけずに細い絞り口で絞ります。
ホワイトチョコに苺パウダーを10%ほど
混ぜるピンク色のクリームもおすすめ。

作り方
1. ボウルにクリーム状にしたバターと粉糖を入れ、ゴムベラで混ぜ合わせる。卵白をほぐし、少しずつ加えながら、その都度混ぜる(**a**)。
2. 薄力粉とアーモンドプードルをふるいながら加え、まとまるまで混ぜ合わせる。
3. 絞り袋に生地を入れ、天板にオーブンシートを敷いて直径2cmほどの円形や4cmほどの棒状に絞る(**b, c**)。
4. 170度のオーブンで8〜10分焼く。
5. チョコレートクリームを作り(下参照)、別の絞り袋に口金はつけずに入れ、先端をはさみで小さくカットする。ラングドシャの粗熱が取れたら半量に絞り(**d**)、クリームをサンドするように残りの半量をのせて2枚1組で仕上げる。

○チョコレートクリームの作り方
チョコレートを湯煎で溶かす。

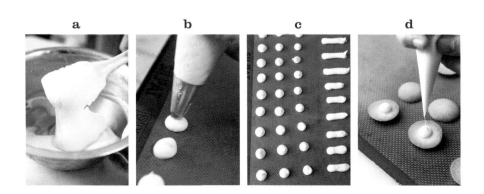

a　　　　b　　　　c　　　　d

ガレットのなかでも
一番しっとりとした厚焼きのサブレです。
焼き立てのふわっと広がるバターの風味は、
手作りした者だけが出合える幸せな味わい。
焼くときにセルクルが複数ない場合は、
アルミ製のケースを使って焼いてください。

パレブルトン

Palets Bretons

材料　直径5.5cmのセルクル6〜7個分
薄力粉　280g
全粒粉　20g
粉糖　170g
発酵バター(食塩不使用)　300g
卵黄　3個分
塩　1g
ドリュール用
| 卵黄　2個分
| インスタントコーヒー　1g
型用
| バター(食塩不使用)適量

下準備
・バターはクリーム状にしておく(P16参照)。
・卵黄は常温に出してほぐしておく。
・ドリュールの材料は混ぜ合わせておく。
・オーブンは170度に予熱する。

---

memo　熱いうちにさわるとほろほろ
とくずれてしまうので、粗熱が取れるま
まではそのままに。セルクルも熱くなって
いるので注意してください。

作り方
1. ボウルにクリーム状にしたバター、粉糖、塩を入れ、ホイッパーでしっかり混ぜる。少しずつ卵黄を加え、その都度混ぜ合わせる。

2. 薄力粉と全粒粉をふるいながら加えてゴムベラで混ぜ合わせ、まとまったら生地を平らにしてラップで包み、冷蔵庫で1時間ほど冷やす。

3. 生地を冷蔵庫から取り出して、めん棒で厚さ1.5cmにのばして広げ、直径5.5cmのセルクル型で抜く(**a**)。

4. 天板にオーブンシートを敷いて**3**を並べ、直径6cmのセルクル6〜7個またはガレット用のアルミケースの内側にバターを塗って1個ずつはめる。表面に刷毛でドリュールを塗り(**b**)、フォークの先で模様を描く(**c**)。

5. 170度のオーブンで22〜25分焼く。粗熱が取れたらパレットナイフなどでセルクルを外し、冷ます。

a　　　　b　　　　c

Gâteau de roche ロックケーキ

スプーンですくって作る焼き菓子

Croquant クロッカン

ヨーロッパで親しまれているロックケーキやクロッカンは、
スプーンですくってラフに作れるお菓子。
お好きなナッツやドライフルーツを生地に混ぜて、
いろいろな味わいを楽しんでください。
小さなお子さまのはじめてのお菓子作りにもおすすめです。

ロックケーキ

Gâteau de roche

ゴツゴツとして岩のようなので、
その名がついたといわれるロックケーキ。
やわらかいクッキーのような食感で
見た目とは違って食べやすく、
バナナのやさしい甘さが広がります。

材料　20〜22個分
薄力粉　200g
きび砂糖　60g
ベーキングパウダー　10g
発酵バター(食塩不使用)　100g
卵　1個
牛乳　30㎖
バナナ　1本
レーズン　30g
グラニュー糖　適量

下準備
・バターはクリーム状にしておく(P16参照)。
・卵は常温に出してほぐしておく。
・バナナは皮をむき輪切りにしておく。
・オーブンは170度に予熱する。

memo　スプーンですくって天板へ落
とすだけ。お好みで大きさを変えられる
ので、小さく焼いてさっくりした味わい
に仕上げるのもおすすめです。ナッツや
ジャムを混ぜて焼いても。

作り方
1. ボウルにきび砂糖とベーキングパウダーを入れ、クリーム状にしたバターを加えてゴムベラで混ぜる。卵と牛乳も加えて混ぜ合わせ、薄力粉もふるいながら加えて混ぜ合わせる。
2. バナナとレーズンを加え、さっくり混ぜる。
3. 天板にオーブンシートを敷き、生地をスプーンですくって並べ、グラニュー糖をふりかける。
4. 180度のオーブンで15〜18分焼く。

南仏の素朴な味わいが楽しめる、
カリッとかための米菓子です。
ここでは軽い食感の米粉で作りました。
定番のアーモンドからヘーゼルナッツに。
P29はハーブティも混ぜて焼いています。

P29

クロッカン

Croquant

材料　作りやすい分量

米粉　50g

アーモンドプードル　30g

粉糖　120g

卵白　50g

ヘーゼルナッツ　30g

ハーブティ（茶葉）　3g

下準備

・アーモンドプードルはふるっておく。

・ヘーゼルナッツは170度のオーブンで7
　分ほどローストして砕いておく。

・オーブンは170度に予熱する。

---

memo　天板に生地を落とすときは、
スプーンを2本使うと便利。薄く均等に
仕上げたいときは、冷蔵庫でボウルごと
30分ほど冷やしてから、1cmの丸口金を
つけた絞り袋に入れて絞ってください
（写真右・茶葉なしのアレンジ）。

作り方

1. ボウルに粉糖と卵白を入れてホイッパーでしっかり混ぜる。アーモンドプードルを少しずつ加え、その都度混ぜる。

2. 米粉を加えてゴムベラで混ぜ、ヘーゼルナッツも加えて混ぜ合わせる。

3. 天板にオーブンシートを敷き、生地をスプーンですくって直径2cmほどの円形になるように落とし（**a**）、ハーブティを散らす。

4. 170度のオーブンで12〜15分焼く。

a

Shortbread ショートブレッド

バットを使って作る焼き菓子

Florentin フロランタン

伝統的な焼き菓子のショートブレッドやフロランタンも
バットを活用すれば気軽に手作りできます。
生地をバットに流し込み、そのままオーブンで焼き上げて、
包丁でお好みの大きさにカットすればできあがり。
仕上がりも美しくおいしく作れるので、ぜひお試しください。

ショートブレッド

Shortbread

スコットランドの伝統的なお菓子で、
しっとりとしてやわらかく、
ほろほろとした食感が魅力です。
温かいコーヒーや紅茶とともに、
ゆっくりと味わってください。

<u>材料</u>　24.2×19.6cmのバット1枚分
薄力粉　290g
米粉　40g
グラニュー糖　140g
発酵バター(食塩不使用)　200g
卵　1個
塩　ひとつまみ
仕上げ用
│グラニュー糖　20g
型用
│バター(食塩不使用)

<u>下準備</u>
・バターはクリーム状にしておく(P16参照)。
・卵は常温に出してほぐしておく。
・バットにバターを塗ってオーブンシート
　を敷いておく。
・オーブンは170度に予熱する。

<u>作り方</u>

1. ボウルにクリーム状にしたバター、グラニュー糖、塩を入れてホイッパーでしっかり混ぜ、卵を少しずつ加えてその都度混ぜる。

2. 薄力粉と米粉を2～3回に分けてふるいながら加え、ゴムベラで混ぜる。

3. 生地を数回に分けてバットに移し、ゴムベラと手で平らに広げる(**a**)。仕上げ用のグラニュー糖をふりかけてフォークの先で全体に細かい空気穴をあけ(ピケ)(**b**)、170度のオーブンで30分ほど焼く(**c**)。

4. 粗熱が取れたらオーブンシートごとまな板に移し、縦半分にカットしてから2cm幅で9等分(全18個)にカットする(**d**)。

---

memo　焼き立てはくずれやすいので、冷めるまでおきます。少し違ったアレンジを楽しむなら、アーモンドやチョコレートを20gほど焼き込んでも。

a　　　　　　**b**　　　　　　**c**　　　　　　**d**

その昔、フランス王のもとへ出向く際に
イタリアの王妃が持参したと伝わるお菓子。
工程は多いですがバットで作れば手軽です。
蜂蜜で作るヌガーはやわらかな仕上がりで、
時間が経っても食べやすいです。

Florentin

材料　24.2×19.6cmのバット1枚分

薄力粉　220g
ベーキングパウダー　2g
発酵バター(食塩不使用)　150g
グラニュー糖　70g
卵　30g
塩　ひとつまみ
ヌガー
｜グラニュー糖　80g
｜生クリーム　50ml
｜発酵バター(食塩不使用)　10g
｜蜂蜜　40g
｜アーモンドスライス　60g
型用
｜バター(食塩不使用)

下準備

・バターはクリーム状にしておく(P16参照)。
・卵は常温に出してほぐしておく。
・バットにバターを塗ってオーブンシート
　を敷いておく。
・オーブンは170度に予熱する。

作り方

1. ボウルにクリーム状にしたバターとグラニュー糖を入れ、ホイッパーで混ぜる。卵を2回に分けて加え、その都度しっかり混ぜる。

2. 薄力粉にベーキングパウダー、塩を2〜3回に分けてふるいながら加え、ゴムベラで混ぜる。

3. バットに生地を入れ、ゴムベラと手でしっかりのばして平らにする。左の**b**を参照してフォークの先で全体に細かい空気穴をあけて(ピケ)、冷蔵庫で10〜15分冷やす。

4. 170度のオーブンで10〜15分、ほんのり焼き色がつくまで焼く。

5. ヌガーを作る。アーモンドスライス以外のヌガーの材料を鍋にすべて入れて中火にかけ(**a**)、焦げないように耐熱ゴムベラで混ぜる。沸騰したらアーモンドスライスを加えて火を止める(**b**)。

6. 焼き上がった**4**の生地の上に**5**を流し(**c**)、全体にヌガーを広げて(**d**)170度のオーブンで20分ほど焼く。

7. 粗熱が取れたらシートごと取り出し、まな板に裏返しにしてのせ、縦4等分にカットしてから6cm幅で4等分(全16個)にカットする。

---

memo　生地にヌガーをのせて焼き上げているので、裏返しにしてカットすると、きれいに切り分けられます。

a　b　c　d

生産者さんから届く
季節の恵みをお菓子に

採れ立ての旬の果物や野菜の味わい。
そのおいしさをお菓子で表現することで、
生産者の方の力になりたいと思っています。
豊かな実りや美しい産地の風景を
未来を担う子どもたちにも
ずっとずっと伝えていけるように、
季節の素材を使うことを大切にしています。

小さいときから自然が身近にあり、自家菜園で採れた野菜や庭の樹に実った果物など、季節の素材が食卓に並んでいました。

　毎年春になると母が大事に育てた苺でジャムを作ってくれたように、お菓子作りをはじめた当初は家で収穫したものを使っていました。大豆の粉を混ぜたきなこぼうろ、梅や柚子で作ったシロップ、ジャム……。

　やがて、さまざまな生産者の方との出会いにも恵まれ、気づくとその時期ならではの素材を使ったお菓子を作るようになっていました。旬の素材は風味も格別で、お菓子のおいしさを引き立ててくれます。

　実は10年ほど前に畑を借りていましたが、実際携わってみるととても大変で、お菓子作りをしながら続けることはできませんでした。そんな経験もあり、おいしい素材を届けてくれる生産者の方を尊敬する気持ちが一層強くなり、応援したいと思うようになりました。

　bionには紅茶やハーブティなどお茶を使ったお菓子があります。なかでも、日本茶の茶葉を材料に加えたお菓子をいろいろと作るようになったのは、数年前に熊本県のtaishojiさんで開催されていたお茶市で、日本茶のおいしさを再確認したことがきっかけです。そして、この頃からお茶農家さんをはじめ、野菜や果物やさまざまな生産者さんとのご縁も新たに広がり、今につながっています。

P36：中野農園さんの檸檬など、旬の果物は生産者さんから直接仕入れ、コンポートやジャムにして長く楽しみます。山中農場さんの栗で作る渋皮煮は、クリームにしてもおいしいです。上左：喫茶やお菓子に使う茶葉。天の製茶園さんのほうじ茶、大神ファームさんのハーブティ、お茶のカジハラさんの紅茶、宮崎茶房さんの釜炒り茶など、お菓子に少しブレンドするだけで風味が楽しめます。上右：大神ファームさんからはフレッシュなハーブも届きます。

chapitre 2

季節のケーキ

苺、ブルーベリー、無花果、檸檬……。
季節の記憶がくっきりと残るような
旬ならでの素材をたっぷり使うケーキは、
色や香り、豊かな味わいが存分に楽しめます。
初めてでもいくつも挑戦できるように、
ここでは基本の4つの型だけで作るレシピに。
おもてなしのお菓子としてもおすすめです。

タルト
Tarte

左から バナナ／ブルーベリーのクランブル／ブルーベリー／苺／無花果と胡桃

タルト

Tarte

季節の果物を合わせる色鮮やかなタルトは
bionのカフェでも人気のあるお菓子です。
空焼きしたタルト生地に
果物を盛る生のフルーツタルトをはじめ、
盛り込み後に焼き上げる焼き込みタルトや
クランブルタルトなど、いろいろ楽しんで。

苺　材料　直径18cmのタルトリング型1台分
　　基本の材料
　　　｜タルト生地(空焼き済み・P43〜44参照)
　　　｜　1台分
　　　｜アーモンドクリーム(右参照)　全量
　　　｜カスタードクリーム(P45参照)　半量
　　　｜シャンティクリーム(P47参照)　全量
　　　｜ナパージュ・ヌートル(市販品)　適量
　　追加の材料
　　　｜苺　200〜300g

　　追加の下準備
　　・苺はヘタを取り、縦半分にカットしておく。

ブルーベリー　材料　直径18cmのタルトリング型1台分
　　基本の材料　苺と同じ
　　追加の材料
　　　｜ブルーベリー　200〜300g

　　作り方(苺・ブルーベリー共通)
　　P43〜44と、P45の生のフルーツタルトの下
　　準備と作り方を参照。

バナナ　材料　直径18cmのタルトリング型1台分
　　基本の材料
　　　｜タルト生地(空焼き済み・P43〜44参照)
　　　｜　1台分
　　　｜アーモンドクリーム(右参照)　全量
　　追加の材料
　　　｜バナナ　100〜150g
　　　｜グラニュー糖　適量

　　追加の下準備
　　・バナナは厚さ2cmの輪切りにカットしておく。

無花果と胡桃　材料　直径18cmのタルトリング型1台分
　　基本の材料　バナナと同じ
　　追加の材料
　　　｜無花果　4〜5個
　　　｜胡桃　20g
　　　｜グラニュー糖　大さじ2

　　追加の下準備
　　・無花果は皮をむいて6等分にカットする。
　　・胡桃は170度のオーブンで7分ローストして砕
　　いておく。

ブルーベリーのクランブル　材料　直径18cmのタルトリング型1台分
　　基本の材料　バナナと同じ
　　追加の材料
　　　｜ブルーベリー　100〜150g
　　　｜クランブル(焼く前のもの・P75作り方**1**参照)
　　　｜　60〜70g

　　作り方(バナナ・無花果と胡桃・
　　ブルーベリーのクランブル共通)
　　P43〜44と、P45の焼き込みタルトの下準備と作
　　り方を参照。

タルト生地(パートシュクレ)

Pâte sucre

しっかりと焼き込んで香ばしさを大切にしたbionのタルト生地。
空焼きしてから冷まし、果物やクリームを盛り込みます。
ストックもできるように、2台分の分量で紹介します。

材料　直径18cmのタルトリング型2台分
薄力粉　210g
アーモンドプードル　30g
粉糖　40g
きび砂糖　30g
発酵バター(食塩不使用)　110g
卵　1個
ベーキングパウダー　ひとつまみ
塩　ひとつまみ
打ち粉(強力粉)　適量

下準備
・バターはクリーム状にしておく(P16参照)。
・卵は常温に出してほぐしておく。
・オーブンは170度に予熱する。

保存方法
生のタルト生地はラップに包み、冷蔵で5日間、
冷凍で10日間ほど保存可。

◎アーモンドクリーム

材料　作りやすい分量
アーモンドプードル　50g
薄力粉　5g
グラニュー糖　40g
発酵バター(食塩不使用)　50g
卵　1個

下準備
・バターはクリーム状にしておく(P16参照)。
・卵は常温に出してほぐしておく。

作り方
1. ボウルにクリーム状にしたバターを入れ、グラニュー糖を加えてホイッパーで混ぜる。卵を2～3回に分けて加え、その都度混ぜ合わせる。
2. アーモンドプードルと薄力粉をふるいながら2～3回に分けて加え、ゴムベラでしっかり混ぜ合わせる。

---

memo　18cmのタルト型でも作れます。余った生地は小さな型でミニタルトを作っても。

1. 生地の材料をそれぞれ量っておく。薄力粉とアーモンドプードルは1つのボウルに入れておく。

2. ボウルにクリーム状にしたバターを入れ、粉糖ときび砂糖を2～3回に分けて加え、ホイッパーでしっかり混ぜる。

3. 卵を2～3回に分けて加え、その都度混ぜ合わせる。

4. 薄力粉とアーモンドプードルを2～3回に分けてふるいながら加える。

5. ボウルをまわしながらゴムベラで底から混ぜ合わせ、ベーキングパウダーと塩も加えてざっくり混ぜる。

6. ざっくり混ざったら手のひらで押しながら、粉気がなくなるまで混ぜていく。

7.

全体がなじんだら、円形にまとめる。

8.

打ち粉をした台に生地をのせ、カードで生地を半分にカットする。

9.

それぞれラップで包み、冷蔵庫で1時間ほど休ませる。▷タルト生地(生)の完成。※2台分あるので、1台分を保存する場合はP43の保存方法を参照。

10.

1台分の生地を冷蔵庫から取り出してオーブンシートにのせ、打ち粉をしてラップをかぶせ、めん棒で厚さ3〜4mm、型よりひとまわり大きい直径25cmほどに丸くのばす。シートごとひっくり返してシートを外す。

11.

天板にオーブンシート(またはシルパット)を敷いて型を置き、ラップが上になるように生地を型にのせる。

12.

型の内側にしっかり指先で沿わせながら敷き込んでいく。

13.

型の縁にめん棒を転がして、縁からはみ出している余分な生地をラップごと除く。

14.

生地を型の底や側面までしっかり手で押し込み、上部はひっかけるように生地を2〜3mm外側に出して縁に沿わせる。

15.

フォークの先で全体に細かい空気穴をあける(ピケ)。

16.

全体に穴があいたら、170度のオーブンで8〜10分焼く(途中で一旦取り出す・**17**参照)。

17.

3分焼いたら取り出して、追加の空気穴をあける。再びオーブンに入れ、残りの時間を焼く。

18.

焼き上がったら天板にのせたまま冷ましておく。▷タルト生地(空焼き済み)の完成。※粗熱が取れたらクリームなどを入れて仕上げていく(型はつけておくと生地が安定するので、仕上げの手前までつけておく)。

◯ カスタードクリーム

<u>材料　作りやすい分量</u>
卵黄　2個分
グラニュー糖　大さじ3
薄力粉　15g
発酵バター（食塩不使用）　10g
牛乳　150㎖
バニラビーンズ　⅓本

<u>下準備</u>
・バニラビーンズは中心に切り込みを入れ、こそぐように中身を取り出しておく。

作り方

1. ボウルに卵黄と半量のグラニュー糖を入れ、白っぽくなるまでホイッパーで混ぜる。薄力粉をふるいながら加えて混ぜ合わせる。

2. 鍋に残りのグラニュー糖、牛乳、こそぎ取ったバニラビーンズを入れて火にかける。沸騰したら**1**のボウルに流し入れ、ホイッパーでしっかり混ぜて裏こし器でこす。

3. 鍋に戻して中火にかけ、混ぜながらとろみが出てふつふつとしてきたら火を止めて、バターを加えて混ぜる。

4. バットに移してゴムベラで平らに広げ、ラップをして30分ほど冷やす（使うときはボウルに移してほぐす）。

◯生のフルーツタルトの作り方（苺の場合）

1. 空焼きしてから冷ましたタルト生地にアーモンドクリームを入れ、ゴムベラで表面を平らにする。再びオーブンに入れて170度で23〜25分焼き、室温で冷ましたら型を外す。

2. 2つの絞り袋に1cmの丸口金をそれぞれつけて、1つにはカスタードクリーム（上参照）を、もう1つにはシャンティクリーム（P47参照）を入れておく。

3. シャンティクリームを**1**の上に間隔をあけて絞る。

4. 隙間を埋めるようにカスタードクリームを絞る。

5. 苺（追加の材料のフルーツ）を**4**の上に端から隙間なく並べていく。

6. 好みで表面にナパージュを塗る。

◯焼き込みタルトの作り方（ブルーベリーのクランブルの場合）

1. 空焼きしてから冷ましたタルト生地にアーモンドクリームを入れてゴムベラで平らにし、ブルーベリー（追加の材料のフルーツ）をまんべんなくのせる。

2. クランブル（フルーツ以外の追加の材料）を散らし、再びオーブンに入れて170度で40〜45分焼く。室温で冷まし、型を外す。バナナのタルトは仕上げに粉糖（分量外）をかける。

ほろ苦い風味と濃厚な味わいで、
シンプルでも存在感抜群のタルトです。
タルトに敷き詰めたガナッシュをはじめ、
仕上げのシャンティクリームと
香り高いココアパウダーも
たっぷりと贅沢に重ねていきます。

Tarte au chocolat

<u>材料</u> 直径18cmのタルトリング型1台分
タルト生地(空焼き済み・P43〜44参照)
　1台分
シャンティクリーム(右参照)　全量
ガナッシュ
￤チョコレート(刻んだもの)　150g
￤生クリーム　70㎖
￤発酵バター(食塩不使用)　10g
ココアパウダー　適量

<u>下準備</u>
・絞り袋にサントノーレの口金をつけてシャンティクリームを入れておく。
・オーブンは170度に予熱する。

---

memo　ガナッシュに使うチョコレートは、ビターやミルクなどお好みを選んでください。湯煎にかける前に細かく刻んでおくと、手早く仕上がります。

<u>作り方</u>
1. 「タルト生地(P43〜44)」の下準備と作り方を参照し、空焼きしたタルト生地を焼く、再びオーブンに入れ、170度で18〜23分焼いたら、常温において冷ましておく。

2. ガナッシュを作る。ボウルにチョコレートとバターを入れる。鍋に生クリームを入れて中火にかけ、沸騰したらボウルに加えて、ホイッパーで混ぜる。

3. 冷ましたタルトの上にゴムベラで**2**のガナッシュを広げて1時間ほど冷蔵庫で冷やし、型を外す。

4. 準備しておいたシャンティクリームを絞り(**a**)、ココアパウダーをふるいながら全体にたっぷりふりかける(**b**)。

◯シャンティクリーム

<u>材料</u> 作りやすい分量
生クリーム　120㎖
グラニュー糖　12g

<u>作り方</u>
ボウルに生クリームとグラニュー糖を入れ、表面に波形模様がくっきり出るまでハンドミキサーで泡立てる。

a **b**

Tarte au citron

檸檬クリームを使ったタルトとパイ。
見た目はボリュームがありますが、
さわやかな香りと酸味で後味も軽く
さらっと食べられます。
タルトのメレンゲはお好みでシャンティに。
パイの仕上げはバーナーで色づけしても。

檸檬タルト

<u>材料</u>　直径18cmのタルトリング型1台分
タルト生地(空焼き済み・P43～44参照)
　1台分
檸檬クリーム(下参照)　全量
スイスメレンゲ(下参照)　1/4量
仕上げ用
┃オリーブの実と葉　お好みで

<u>下準備</u>
・絞り袋に1cmの丸口金をつけてスイスメレンゲを入れておく。

<u>作り方</u>
1. 「タルトショコラ(P47)」の作り方**1**参照。
2. 冷ましたタルト生地に檸檬クリームをゴムベラで広げ、型を外す。
3. 準備しておいたスイスメレンゲを縁に沿って絞り、オリーブの実と葉を飾る。

◯スイスメレンゲ

<u>材料</u>　作りやすい分量
卵白　100g
グラニュー糖　100g

<u>作り方</u>
1. ボウルに卵白とグラニュー糖を入れる。湯煎にかけてホイッパーで混ぜながら温め、50度になったら湯からおろす。
2. ボウルの温度が冷めてメレンゲにツノが立つまで、ハンドミキサーで泡立てる。

檸檬パイ

<u>材料</u>　直径18cmのタルトリング型1台分
練りパイ生地(空焼き済み・P50～51参照)
　1台分
檸檬クリーム(下参照)　全量
スイスメレンゲ(下参照)　全量

<u>作り方</u>
1. 空焼きしてから冷ました練りパイ生地に、パレットナイフで檸檬クリームを広げる。スイスメレンゲをゴムベラでたっぷりのせ、パレットナイフで動きを出して均等になるように盛りつける。
2. 190度のオーブンで6～8分焼き、粗熱が取れたら型を外して常温で冷ます。

◯檸檬クリーム

<u>材料</u>　作りやすい分量
檸檬果汁　60ml
グラニュー糖　55g
発酵バター(食塩不使用)　50g
卵　2個
板ゼラチン　1g

<u>下準備</u>
・板ゼラチンは冷水で戻しておく。

<u>作り方</u>
1. 鍋に檸檬果汁とグラニュー糖を入れて火にかけ、沸騰させる。
2. ボウルに卵を割り入れ、**1**を注いでホイッパーで混ぜる。鍋に戻し中火にかけて混ぜ、ふつふつとしてきたら火からおろしてバター、水気を絞ったゼラチンを加えてよく混ぜる。
3. 粗熱が取れたらゴムベラでバットに移し、冷蔵庫で1時間ほど冷やす。

<u>保存方法</u>　冷蔵で4～5日間保存可。

練りパイ生地（パートブリゼ）

Pâte brisée

甘さをつけないパイ生地は、喫茶でキッシュにも使う重要な土台。
生地作りの工程で3つ折りを繰り返し、さくさくに仕上げています。
ストックもできるように、2台分の分量で紹介します。

材料　直径18cmのタルトリング型2台分
薄力粉　200g
グラニュー糖　10g
発酵バター（食塩不使用）　100g
卵黄　1個分
塩　5g
冷水（氷水）　30ml
打ち粉（強力粉）　適量
ドリュール用
｜卵　適量

下準備
・オーブンは170度に予熱する。

保存方法
生の練りパイ生地はラップに包み、冷蔵で2〜3日間、
冷凍で10日間ほど保存可。

memo　18cmのタルト型でも作れます。作りや
すいように材料はそれぞれ多めに配合しているので、
生地が余ったら小さな型でミニパイを作るなど楽し
んでください。

1. 生地の材料をそれぞれ量っておく。

2. 薄力粉、グラニュー糖、バター、塩をフードプロセッサーに入れる。

3. 砂状になるまで撹拌する。

4. ボウルに移し、ボウルをまわしながらカードやゴムベラで底から混ぜ合わせる。

5. 卵黄と冷水を加え、ざっくり混ざったら手でこねながらまとめていく（すべてフードプロセッサーでまとめる場合は、4秒撹拌を3回ほど繰り返す）。

6. 「タルト生地（P43）」の作り方**6**を参照し、楕円形にまとめる。打ち粉をした台に生地をのせ、カードを使って半分にカットする。

7. それぞれめん棒で厚さ1cmくらい（30×15cmほど）にのばし、両端を中央に折り込む。

8. 3つ折りにしたら90度に回転させて、**7**と同様にめん棒でのばし、再び3つ折りにする。

9. それぞれラップで包み、冷蔵庫で1時間ほど休ませる。▷練りパイ生地（生）の完成。※2台分あるので、1台分を保存する場合は上の保存方法を参照。

10.
1台分の生地を冷蔵庫から取り出してオーブンシートにのせ、打ち粉をしてラップをかぶせ、めん棒で厚さ3〜4mm、型よりひとまわり大きい直径25cmほどに丸くのばす。

11.
シートごとひっくり返したらシートを外す。

12.
天板にオーブンシート（またはシルパット）を敷いて型を置き、ラップが上になるように型に生地をのせる。

13.
型の内側にしっかり指先で沿わせながら敷き込んでいく。

14.
型の縁にめん棒を転がして、縁からはみ出している余分な生地をラップごと除く。

15.
生地を型の底や側面までしっかり手で押し込み、上部はひっかけるように生地を2〜3mm外側に出して縁に沿わせる。

16.
フォークの先で全体に細かい空気穴をあける（ピケ）。

17.
オーブンシートを4つ折りしてから中心に向け細かく折る。

18.
型の大きさに合わせてカットして生地の上にのせる。

19.
タルトストーン500gを縁側が多めになるようにのせる。

20.
180度のオーブンで8〜10分焼く。タルトストーンを外し、溶きほぐしたドリュールの卵を刷毛で塗り、再び180度のオーブンで15〜18分焼く。

21.
焼き上がったら天板にのせたまま冷ましておく。▷練りパイ生地（空焼き済み）の完成。※粗熱が取れたらクリームなどを入れて仕上げていく（型はつけておくと生地が安定するので、仕上げの手前までつけておく）。

ふんわり生地で作る華やかなケーキ。
bionでは季節のジャムとクリームを
彩りよくたっぷり使って
大きなダコワーズのお菓子を作ります。
ここでは苺ジャムとシャンティをサンド。
ナッツの香ばしさとも相性抜群です。

苺のダコワーズ

Dacquoise aux fraises

<u>材料</u>　直径18cmの底取れ丸型1台分

メレンゲ
┃ 卵白　180g
┃ グラニュー糖　65g
アーモンドプードル　150g
薄力粉　30g
粉糖　100g
ヘーゼルナッツ　30g
シャンティクリーム(P47参照)　全量
苺ジャム(P73参照)　60g

<u>下準備</u>

・ヘーゼルナッツは170度のオーブンで7
　分ほどローストして砕いておく。
・型にオーブンシートを敷いておく。
・絞り袋に星形の口金をつけてシャンティ
　クリームを入れておく。
・オーブンは170度に予熱する。

---

memo　メレンゲをツノが立つくらい
まで泡立てておくと(P23**a**参照)生地が
しっかりします。シャンティクリームも
しっかり泡立ててから絞ってください。

<u>作り方</u>

1. ボウルに卵白を入れてホイッパーで泡立てる。ふんわ
りとしてきたらグラニュー糖を2〜3回に分けて加え
てよく混ぜ、しっかりとしたメレンゲを作る。

2. アーモンドプードルと粉糖を2〜3回に分けてふるい
ながら加え、ゴムベラでさっくり混ぜる。

3. 薄力粉をふるいながら加え、全体の生地がまとまるく
らい混ぜ合わせたら型に流し、ヘーゼルナッツを散ら
して粉糖(分量外)をふりかける。

4. 天板にのせ、170度のオーブンで25〜27分焼き、粗熱
が取れたら型を外す。

5. **4**のダコワーズを上下半分に包丁でスライスする。下
半分の断面にシャンティクリームを絞り(**a**)、苺ジャ
ムをスプーンでたらしながらのせていく(**b**)。上半分
をのせてクリームとジャムをサンドし、冷蔵庫で冷や
す。

a　　　　　**b**

Kouglof au citron 檸檬クグロフ

Petit gâteau kouglof au citron　檸檬のクグロフミニ

イーストを使わずに
ケーキで仕上げるクグロフです。
生地に季節のジャムを混ぜるのがbion流。
ここでは檸檬の果汁やマーマレードを加え、
さわやかな風味のクグロフに仕上げました。
チョコや栗などを加えて自由に楽しんで。

材料　直径15cmのクグロフ型1台分

薄力粉　120g
アーモンドプードル　80g
きび砂糖　50g
グラニュー糖　50g
発酵バター(食塩不使用)　130g
卵　2個
ベーキングパウダー　大さじ1
檸檬果汁　小さじ1
ラム酒　小さじ1
檸檬のマーマレード(P77参照)　80g
檸檬のグラサージュ(右参照)　全量
型用
│バター(食塩不使用)　適量
│強力粉　適量

下準備

・生地用のバターはクリーム状にしておく
　(P16参照)。
・卵は常温に出してほぐしておく。
・アーモンドプードルはふるっておく。
・型に型用のバターを塗り、強力粉をふる
　っておく。
・オーブンは170度に予熱する。

檸檬クグロフ

Kouglof au citron

作り方

1. ボウルにクリーム状にしたバターを入れ、ホイッパー
   でなめらかにする。きび砂糖とグラニュー糖を加え、
   白っぽくなるまで混ぜ合わせたら、アーモンドプード
   ルを加えて混ぜ、卵も加えて混ぜる。

2. 薄力粉とベーキングパウダーをふるいながら2〜3回
   に分けて加え、ゴムベラでその都度混ぜ合わせる。粉
   が混ざりきる前に檸檬果汁、ラム酒を加えて混ぜ、檸
   檬マーマレードも加えてさっくり混ぜる。

3. 型に生地を入れ、170度のオーブンで45〜50分焼く。

4. 粗熱が取れたら型を外して冷蔵庫で20分ほど冷やし、
   表面に檸檬のグラサージュを刷毛で塗る。

5. 200度のオーブンに15秒入れて加熱し、表面を乾かす。

---

memo　クグロフミニ(P55)の場合は、檸檬クグ
ロフと同様に生地を作り、直径7.5cmのクグロフ型
に50gずつ生地を入れ(12〜13個)、170度のオーブ
ンで22〜25分焼きます。檸檬クグロフにホワイト
チョコのグラサージュを2〜3回たっぷり塗ると(**a**)
ホワイトチョコのクグロフに。仕上げにエディブル
フラワーを飾れば(**b**)、パーティにもふさわしい華
やかなお菓子になります(P57)。

a　　　　b

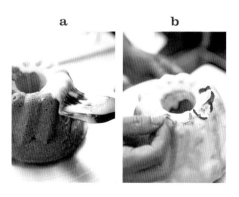

郵便はがき

1 0 4 - 8 0 1 1

東京都中央区築地
5−3−2

株式会社
朝日新聞出版
生活・文化編集部 行

ご住所　〒		
	電話　　（　　　　）	
ふりがな お名前		
Eメールアドレス		
ご職業	年齢 　　　歳	性別

このたびは本書をご購読いただきありがとうございます。
今後の企画の参考にさせていただきますので、ご記入のうえ、ご返送下さい。
お送りいただいた方の中から抽選で毎月10名様に図書カードを差し上げます。
当選の発表は、発送をもってかえさせていただきます。

愛読者カード

本のタイトル

お買い求めになった動機は何ですか？（複数回答可）
　　1. タイトルにひかれて　　　2. デザインが気に入ったから
　　3. 内容が良さそうだから　　4. 人にすすめられて
　　5. 新聞・雑誌の広告で（掲載紙誌名　　　　　　　　　　　　　）
　　6. その他（　　　　　　　　　　　　　　　　　　　　　　　）

　　表紙　　1. 良い　　　2. ふつう　　　3. 良くない
　　定価　　1. 安い　　　2. ふつう　　　3. 高い

最近関心を持っていること、お読みになりたい本は？

本書に対するご意見・ご感想をお聞かせください

ご感想を広告等、書籍のPRに使わせていただいてもよろしいですか？
　　1. 実名で可　　　2. 匿名で可　　　3. 不可

○檸檬のグラサージュ

材料　作りやすい分量
粉糖　200g
檸檬果汁　20㎖
水　20㎖

作り方
ボウルにすべての材料を入れ、ホイッパーで混
ぜ合わせる。

○ホワイトチョコのグラサージュ

材料　作りやすい分量
ホワイトチョコレート（刻んだもの）　40g
粉糖　400g
檸檬果汁　80㎖
水　20㎖

作り方
1. ボウルにホワイトチョコレートを入れ、湯煎で
　 溶かす。
2. 別のボウルに粉糖、檸檬汁、水を入れてホイッパ
　 ーで混ぜ合わせ、1を加えてなめらかになるま
　 で混ぜる。

ホワイトチョコのクグロフ

タルト・タタン
Tarte tatin

林檎のおいしさを存分に楽しめる
フランス伝統のお菓子です。
砂糖とバターをキャラメリゼすることで
香りにも味にも奥深さが生まれます。
林檎をたくさん使うので、
旬の時期にぜひ作ってみてください。

材料　直径22cmマンケ型1台分
林檎　8〜10個
グラニュー糖　240g
発酵バター(食塩不使用)　40g
練パイ生地(生・P50参照))
　　直径18cmのタルトリング1台分
型用カラメル
｜グラニュー糖　30g
仕上げ用
｜シャンティクリーム(P47参照)　適宜

下準備
・型用カラメルのグラニュー糖を鍋に入れ、
　中火にかけてグラニュー糖が均一に溶け
　るように鍋をまわし、茶色になるまで煮
　詰めておく。
・型に合わせてオーブンシートをカットし
　て底に敷いておく。
・オーブンは180度に予熱する。

memo　林檎の種類によって水分量が
違うので、汁気が多いときは焼き時間を
長めにします。酸味があって赤い紅玉な
どがおすすめですが、フジなどでも作れ
ます。

作り方
1. 林檎は8等分のくし形に切り、皮をむいて芯を取り除く。
2. 大きめの鍋に少しずつグラニュー糖を入れて強火にか
　 け、キャラメル色になるまで加熱する。
3. バターを加えて耐熱ゴムベラで混ぜ(**a**)、林檎と残り
　 のグラニュー糖を一度に加えて炒める。水分が出て林
　 檎が茶色くやわらかくなるまで中火で30分ほど煮詰
　 める(**b**)。
4. カットしたオーブンシートを敷いた型(**c**)に型用のカ
　 ラメルを流し、**3**の林檎を並べ、煮汁も上から流し入れ、
　 180度のオーブンで60〜70分焼く(途中焦げそうにな
　 ったらアルミホイルをかぶせて焼く)。粗熱が取れた
　 ら一晩冷蔵庫で冷やす(**d**)。
5. 「練りパイ生地(P50〜51)」の下準備と作り方を参照し、
　 練りパイ生地を焼く。冷蔵庫で休ませた生地を取り出
　 してオーブンシートにのせ、打ち粉をしてラップをか
　 ぶせ、めん棒で18cm型よりひとまわり大きくなるよう
　 にのばす。18cm型で型抜きをしたら、フォークの先で
　 全体に細かい空気穴をあける(ピケ)。天板にオーブン
　 シートを敷いて生地をのせ、180度のオーブンで20〜
　 25分焼く。
6. 冷やした**4**の型の内側にゴムベラを沿わせ、中身が抜
　 けるようにすき間を作る。
7. **6**の上に**5**の練りパイ生地をのせ(**e**)、まな板の上に型
　 ごとひっくり返してのせ、型をそっと外す。
8. 8等分にカットして皿に盛り、お好みでシャンティク
　 リームを添える。

a	b	c	d	e

キャロットケーキ

Gâteau à la carotte

人参をたっぷり焼き込んだ、
滋味あふれるケーキです。
スパイス&チーズの華やかな風味は、
ワインにもよく合う大人の味わい。
アクセントとなる胡桃やレーズンは、
お好みでアレンジしてください。

<u>材料</u>　直径18cmの底取れ丸型1台分
薄力粉　180g
グラニュー糖　50g
きび砂糖　50g
米油　100g
卵　2個
ベーキングパウダー　10g
人参　180g
レーズン　30g
胡桃　40g
スパイス
｜ナツメグパウダー　2g
｜シナモンパウダー　2g
｜クローブパウダー　1g

クリームチーズのフロスティング（右参照）
｜クリームチーズ　200g
｜きび砂糖　20g
｜発酵バター（食塩不使用）　20g
｜サワークリーム　20g
仕上げ用
｜エディブルフラワー　適量

<u>下準備</u>
・卵は常温に出してほぐしておく。
・人参はすりおろしておく。
・レーズンは湯通しして水気をきっておく。
・型にオーブンシートを敷いておく
・オーブンは180度に予熱する。

<u>作り方</u>
1. ボウルにグラニュー糖、きび砂糖、米油を入れて、ホイッパーで混ぜる。卵を加えてさらに混ぜ合わせる。
2. 薄力粉とベーキングパウダーを2〜3回に分けてふるいながら加え、ゴムベラで混ぜる。生地がまとまったらすりおろした人参を加えて混ぜ、レーズン、胡桃、スパイスを加えてさっくり混ぜる。
3. 型に流し、180度のオーブンで35〜45分焼く。
4. 粗熱が取れたら型から外して冷蔵庫で冷やす。
5. 下を参照してクリームチーズのフロスティングを作り、**4**の上にパレットナイフで広げる（**b, c**）。
6. 好みの大きさにカットして皿におき、エディブルフラワーを飾る。

○クリームチーズのフロスティングの作り方
1. ボウルにすべての材料を入れ、ゴムベラで混ぜながらやわらかくする（**a**）。
2. 仕上げにハンドミキサーで混ぜてなめらかにする。

memo　人参の水分が多い場合は、米油を少し（5gほど）減らして調整を。クリームチーズのフロスティングはパンと合わせてもおいしいです。

a　　　　　　b　　　　　　c

華やかな装いに心ときめくシャルロット。
さくふわのビスキュイとなめらかなムース、
2つの食感を同時に楽しめる
色鮮やかで贅沢なお菓子です。

苺のシャルロット
Charlotte aux fraises

材料　直径18cmの底取れ丸型1台分
ビスキュイ生地
　薄力粉　90g
　グラニュー糖　100g
　卵　3個
粉糖　適量
苺のムース(P75参照)　全量
仕上げ用
　シャンティクリーム(P47参照)　半量
　苺　100g
　粉糖　適量

下準備
・卵は常温に出して、卵白と卵黄に分けて
　おく。
・オーブンシートで型紙(直径15cmと18cm
　の円2つと、側面用に13×30cmの長方形
　を下書きする)を作り天板に敷いておく。
・絞り袋に1cmの丸口金をつけて、シャン
　ティクリームを入れておく。
・苺は飾り用の2〜3個は取りおき、その他
　はヘタを取って縦半分にカットしておく。
・オーブンは180度に予熱する。

---

memo　ビスキュイ生地を絞る時は、
手間でも型紙を用意して型の大きさ通り
に絞ります。渦巻き状の円形2枚、側面
用の棒状1枚の順で絞ってください。

作り方
1. 下を参照してビスキュイ生地を作る。絞り袋に1cmの
丸口金をつけて生地を入れ、準備しておいたオーブン
シートに絞る。円を描くように渦巻き状に直径15cm
と18cmを各1枚と、側面用に縦に13cmを30cm幅で棒状
に平行に絞る。
2. 粉糖をまぶして180度のオーブンで10〜13分焼く。
焼き上がったら型紙のシートごと天板から外し、乾燥
しないようにラップをかぶせておく。
3. 粗熱が取れたら、帯状のビスキュイ生地の端を切りそ
ろえて横半分に包丁でカットし、型の内側にあてて沿
わせていく(余分な生地はカットする)。渦巻き状の
ビスキュイ生地2枚は型に入るように大きさを調整し、
18cmの方を底に敷く(**a**)。
4. 苺のムースの半量を流して残り1枚の渦巻き状のビス
キュイ生地をのせ(**b**)、その上に残りのムースを流して
冷蔵庫で3時間以上冷やす。
5. 型を外し、シャンティクリームを縁に沿って丸く絞り、
中央に苺を並べる(**c**)。飾り用の苺を添えて粉糖をふ
りかける。

◯ビスキュイ生地の作り方
1. ボウルに卵白を入れ、半量のグラニュー糖を2〜3回に
分けて加えながらホイッパーでしっかり混ぜ合わせ、
艶のあるメレンゲを作る。
2. 別のボウルに卵黄と残りのグラニュー糖を入れて混ぜ
合わせ、メレンゲをひとすくい加えて混ぜる。
3. 2を1のメレンゲに加えて混ぜ、薄力粉をふるいなが
ら加えて手早く混ぜる。

a　　　　　**b**　　　　　**c**

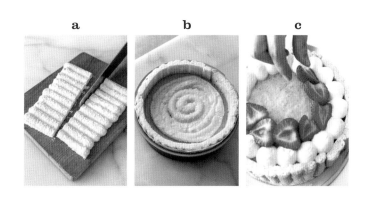

香ばしいクランブルの食感と
まろやかなクリームチーズの風味が絶妙な、
シンプルな焼きチーズケーキです。
土台のクランブルは多めに作って冷凍を。
急な来客があるときなど、
思い立ったときにすぐに作れて便利です。

Gâteau au fromage

材料　直径18cmの底取れ丸型1台分

クリームチーズ　300g
グラニュー糖　90g
卵　2個
サワークリーム　80g
生クリーム　80㎖
薄力粉　10g
クランブル(P75参照)　120g

下準備

・クリームチーズは常温に出してやわらか
　くしておく。
・卵は常温に出してほぐしておく
・型にオーブンシートを敷き、底面にクラ
　ンブルを敷き詰めておく(**a, b**)。
・オーブンは170度に予熱する。

作り方

1. ボウルにクリームチーズを入れてゴムベラでよく混ぜ、
グラニュー糖を加えてさらに混ぜ合わせる。

2. 卵を数回に分けて加え、その都度ハンドミキサーで混
ぜる。

3. サワークリームと生クリームを加え、薄力粉もふるい
ながら加えてゴムベラで混ぜ合わせ、クランブルを敷
き詰めた型に流し入れる。

4. 170度のオーブンで50〜60分焼く。

5. 粗熱が取れたら型を外して冷蔵庫で冷やし、8等分に
カットする。

---

memo　クリームチーズはしっかりやわらかくし
てから混ぜて。電子レンジなら耐熱ボウルに入れて
ラップをかぶせ、50秒ずつ状態を見ながら加熱を。

a　　　　　**b**

シンプルなバター風味の生地に
栗のバタークリームを
たっぷりとはさんだケーキです。
シャンティクリームを添えていただくと
より奥深い味わいが広がり、
秋らしいおもてなしのお菓子に。

栗のヴィクトリアケーキ

Gâteau Victoria de châtaigne

<u>材料</u>　直径18cmの底取れ丸型1台分
薄力粉　150g
ベーキングパウダー　6g
粉糖　140g
発酵バター(食塩不使用)　150g
卵　3個
生クリーム　30ml
○型用
｜バター(食塩不使用)適量
○仕上げ用
｜栗のバタークリーム(P85参照)　半量
｜粉糖　適量

<u>下準備</u>
・バターはクリーム状にしておく(P16参照)。
・卵は常温に出してほぐしておく。
・生クリームは常温に出しておく。
・絞り袋に1cmの丸口金をつけて栗のバター
　クリームを入れておく。
・型にバターを塗ってオーブンシートを敷
　いておく。
・オーブンは170度に予熱する。

memo　バターをふんわり白っぽくな
るまで丁寧に混ぜていきます。卵が分離
するようなら、少し薄力粉を加えて。

<u>作り方</u>
1. ボウルに粉糖とクリーム状にしたバターを入れ、ホイ
　ッパーでふんわりするまでよく混ぜる。
2. 卵を3〜5回に分けて加え、その都度ハンドミキサーで
　よく混ぜる。
3. 薄力粉とベーキングパウダーをふるいながら1/3量ほ
　ど加えてゴムベラで混ぜ、生クリームを加える。さっ
　くりと混ぜ合わせたら残りの薄力粉もふるいながら加
　え、艶が出るまで混ぜ合わせて型に流し入れる。
4. 天板に**3**をおき、170度のオーブンで45〜50分焼く。
5. 粗熱が取れたら型から外して冷まし、横半分にカット
　する。
6. 栗のバタークリームを下半分の上面に絞り、上半分を
　のせて冷蔵庫で冷やす。仕上げに粉糖をふりかけて、
　8等分にカットする。

お菓子の楽しみが広がる
とっておきの器との出合い

お菓子を作りながら器のことを考えるとき、
いつも楽しく幸せな気持になります。
作家さんが生み出すあたたかみのある器、
経年変化の味わいがあるアンティークの器。
bion のお店で使う器たちは、
さまざまな国や地域で出合った
お菓子を引き立ててくれる大切な相方です。

幼い頃の恒例行事は、家族で地方の陶器市に行くことでした。窯元が点在する九州だけでも、波佐見焼や小石原焼、唐津焼、有田焼など実に多彩。ときには花市や神社に寄り道しながら、歩いて巡った器探しの旅は、とても楽しい思い出として記憶に残っています。

　今も作家さんの器を選ぶことが多いのは、この頃から人の手が生み出すものの美しさに惹かれていたからかもしれません。

　海外や国内を旅したときも、必ず自分へのおみやげは器。気がつけば、和洋を問わずさまざまな器が手元に集まりました。フランスをはじめ国内外で開かれている蚤の市では、魅力あふれるたくさんの美しいアンティークの器にも出合いました。長く使われてきた器が欠けたり色褪せたりしながらも大切に受け継がれていく、そんな奥深い文化に触れるうちに古い器も増えていきました。

　お菓子を作ることと同じくらい、器や盛りつけ方に思いを巡らせることは心ときめく楽しいことです。

　bionではその時々のお菓子に合わせる器は、作家さんのものもアンティークも一緒に使い、お客さまにも楽しんでもらっています。数年前からは、大事な器が割れてしまったら金継ぎをしてもらうようになり、再び使えるようになる喜びも新たに味わっています。

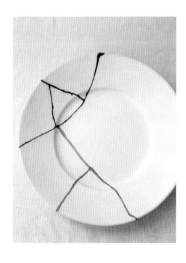 

P68：お店で使っている器たち。アンティークやひと昔前の品々は、フランスの蚤の市をはじめ門司港で開催されるマーケットなどで手に入れたものです。上左：金継ぎを施して喫茶で使い続けている安藤雅信さんの器。上右：右上は石川隆児さんのオクトゴナルの器。他にも川口武亮さんや山口和宏さんの器もケーキを引き立ててくれるのでよく使っています。右下と左はヨーロッパの蚤の市で出合ったアンティークの器です。

chapitre 3

季節の保存食で
作るお菓子

苺ジャムを焼き込んだ甘酸っぱいクランブル、
さわやかなマーマレードをはさんだスコーン。
たとえおなじみのお菓子でも、
季節のジャムやクリームをプラスすれば、
ちょっぴり贅沢なデザートプレートに。
お好きな紅茶やハーブティとともに
甘いごちそうをゆっくり味わってください。

小鍋で少し煮詰めた苺ジャムを
ほうじ茶カモミールの
バタークッキー(P21)にはさむだけ。
冷蔵庫で冷やしてもおいしいです。

苺ジャムサンド

*Sables à la confiture
de fraise*

苺ジャム

Confiture de fraise

苺に砂糖をまぶして少し水分が出てきたら鍋へ。
サブレやスコーンにサンドするときは、
とろみが出るまでもう一度煮詰めておきます。

<u>材料</u>　作りやすい分量
苺　200g
グラニュー糖　120g
檸檬果汁　小さじ1

<u>下準備</u>
・苺はヘタを取り、4等分にカットしておく（a、
　b）。
・保存瓶は煮沸消毒しておく。

<u>作り方</u>
1. 鍋に苺とグラニュー糖を入れて1時間ほどおき、
　水分が出てきたら火にかける。
2. ぐつぐつしてきたら、中〜強火にして耐熱ゴム
　ベラで混ぜ、丁寧にアクを取りながら15〜20
　分煮る（c）。
3. アクが出なくなったら檸檬果汁を加え、混ぜ合
　わせて火を止め（d）、熱いうちに煮沸した瓶に
　入れて保存する。

<u>保存期間</u>　開封後、冷蔵で7〜10日間保存可。

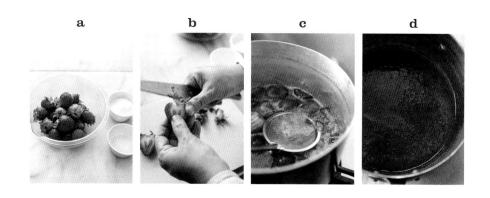

a　　　　b　　　　c　　　　d

ぽろぽろとしたクランブルを主役にした、
器に盛りつけていただくお菓子です。
フレッシュな苺と生のクランブルを
オーブンで焼き上げ、
アクセントに抹茶の風味を加えました。
ハーブティや紅茶によく合います。

苺と抹茶のクランブル

Crumble
fraise et matcha

材料　24.2×19.6cmのバット1枚分
苺　250g
クランブルの材料(右参照)　各全量
きび砂糖　10g
オートミール　40g
抹茶　5g
苺ジャム(P73参照)　20g
型用
│ バター(食塩不使用)　適量
仕上げ用
│ 苺ジャム　適量
│ シャンティクリーム(P47参照)　適量
│ 粉糖　適量

下準備
・バットにバターを塗ってオーブンシート
　を敷いておく。
・オーブンは170度に予熱する。

memo　焼く前に苺に砂糖をたっぷり
まぶしておくと、水っぽくならずに仕上
がります。抹茶の代わりに、シナモンパ
ウダーやココアパウダーもおすすめ。

作り方
1. 苺はヘタを取って4等分にカットし、きび砂糖をまぶ
す。
2. クランブルの材料、オートミール、抹茶をフードプロ
セッサーに入れて撹拌する。
3. 準備しておいたバットに**1**を広げ、苺ジャムと**2**の生
地をまんべんなくのせて、170度のオーブンで30分ほ
ど焼く(**a**)。
4. 粗熱が取れたら、6等分に切り込みを入れ、ヘラなどで
皿に盛る。シャンティクリームと苺ジャムを添え、粉
糖をふりかける。

a   b

○クランブル

材料　作りやすい分量
薄力粉　40g
アーモンドプードル　40g
グラニュー糖　40g
発酵バター(食塩不使用)　50g

作り方
1. すべての材料をフードプロセッサーに入れて撹拌する。
2. 天板にオーブンシートを敷いて**1**を広げ(**b**)、170度のオーブンで15分ほど焼く。
3. 粗熱が取れたらパレットで砕いて細かくする。

保存方法　保存容器に入れ、冷蔵で5日間、冷凍で2週間ほど保存可。

酸味と甘さのバランスが絶妙な
美しいピンク色の苺のムース。
気軽に楽しみたいときは、
お好みのグラスにそのまま流して。

苺のムース

Mousse aux fraise

材料　作りやすい分量
苺　140g
グラニュー糖　140g
板ゼラチン　14g
シャンティクリーム(P47参照)　全量

下準備
・苺は細かくカットしておく。
・板ゼラチンは冷水で戻しておく。

作り方
1. ボウルに苺とグラニュー糖を入れ、湯煎で温める。
2. **1**を湯から外してハンディプロセッサーで撹拌し、ふやかした板ゼラチンの水気を絞って加え、ゴムベラで混ぜる。
3. **2**を氷水を張ったボウルに入れて温度を下げ、シャンティクリームを加えてゴムベラでなめらかになるまで混ぜる。

保存方法
保存容器に入れ、冷凍で1週間ほど保存可。食べるときは冷蔵庫で自然解凍を。

冬の寒い季節に食べたくなる、
甘くて味わい深いショコラのお菓子です。
シナモンやジンジャーなど
スパイスをきかせたショコラは、
甘酸っぱいマーマレードと相性抜群。
コーヒーやワインと一緒に楽しんで。

Mousse au chocolat

材料　作りやすい分量
チョコレート（刻んだもの）　130g
発酵バター（食塩不使用）　40g
卵　3個
ココアパウダー　5g
グラニュー糖　10g
塩　ひとつまみ
スパイス
｜シナモンパウダー　2g
｜ナツメグパウダー　1g
｜クローブパウダー　1g
｜ジンジャーパウダー　1g
仕上げ用
｜オレンジのマーマレード（右参照）　適量

下準備
・卵は常温に出し、卵黄と卵白に分けてそ
　れぞれほぐしておく。

---

memo　ゼラチンを加えずに仕上げ、
ふんわりとした食感に。チョコレートそ
のものの味わいを楽しむお菓子なので、
ぜひおいしいチョコを選んでください。

作り方
1. ボウルにチョコレートとバターを入れて湯煎にかけ、
　　ゴムベラで混ぜながら溶かす。
2. 別のボウルに卵黄とココアパウダーを混ぜ合わせ、**1**
　　に加えて混ぜる。
3. 卵白とグラニュー糖でP23を参照してメレンゲを作り、
　　2に加えて混ぜる。
4. 塩とスパイスも加えて混ぜ合わせ、好みの容器に流し
　　入れて冷蔵庫で2時間ほど冷やす。
5. 皿に冷やしたムースショコラを取り分けて、オレンジ
　　マーマレードを添える。

オレンジのマーマレード

Marmelade d'orange

しっとりつややかなオレンジのマーマレード。
水分が少なくなったらその都度足しながら、
焦がさないように煮詰めてください。

<u>材料　作りやすい分量</u>
オレンジ　2個(約600g)
グラニュー糖　420g(果実の約70%)
水　100㎖

<u>下準備</u>
・保存瓶は煮沸消毒しておく。

<u>作り方</u>
1. 鍋に湯を沸かしてオレンジを皮ごと入れ、2～3分ゆでたらざるにあげる。
2. 粗熱が取れたら水気をふき取り、横半分にカットしてからスライスして鍋に入れ、グラニュー糖をまぶす。
3. 水を加えて弱火にかけ、耐熱ゴムベラで混ぜる。途中水分が減ったら水を足し、アクを取りながら20～30分煮詰め、とろみが出てきたら火を止める。
4. 熱いうちに煮沸した瓶に入れて保存する。

<u>保存期間</u>　開封後、冷蔵で7～10日間保存可。

檸檬のマーマレード

Marmelade de citron

2回ゆでこぼして苦味を和らげた
檸檬の皮で作るマーマレードです。
黄色でも緑色でもできれば無農薬のもので。

<u>材料　作りやすい分量</u>
檸檬の皮　4個分(約300g)
グラニュー糖　180g(皮の約60%)

<u>下準備</u>
・保存瓶は煮沸消毒しておく。

<u>作り方</u>
1. 檸檬は包丁で横半分にカットして、檸檬絞り器で果汁を絞る(**a**)(絞った果汁は他のお菓子などに活用を。冷蔵で1週間ほど保存可)。
2. 残った皮を薄くスライスして(**b**)鍋に入れ、水をひたひたに注ぎ20分ほどゆでたらざるにあげる。鍋に戻して再び水をひたひたに注ぎ、20分ほどゆでたらざるにあげる。
3. **2**を鍋に入れてグラニュー糖をまぶし、弱火にかける。耐熱ゴムベラで混ぜ、アクを取りながら20～30分煮詰める。
4. とろみが出てきたら火を止めて、熱いうちに煮沸した瓶に入れて保存する。

<u>保存期間</u>　開封後、冷蔵で7～10日間保存可。

a　　　　　**b**

素朴な味わいのスコーンは、
誰もが気軽に楽しめる日常的なお菓子。
より手軽に作れるように、
溶かしバターを使ったレシピを紹介します。
焼き立てをそのまま味わうのはもちろん、
あんこ＆バターを合わせるのもおすすめ。

Scone au beurre et à la confiture

<u>材料</u>　直径6cmのセルクル6〜7個分
薄力粉　200g
きび砂糖　60g
ベーキングパウダー　10g
発酵バター(食塩不使用)　100g
卵　1個
牛乳　大さじ2
打ち粉(強力粉)
ドリュール用
｜卵液(溶き卵)　適量
組み合わせ用
｜発酵バター(食塩不使用)
｜　適量(スコーン1つに約10g)
｜オレンジのマーマレードまたは
｜檸檬のマーマレード(P77参照)
｜　適量(スコーン1つに10〜15g)

<u>下準備</u>
・薄力粉はふるっておく。
・バターは溶かしておく(P16参照)。
・卵は常温に出してほぐしておく。
・オーブンは180度に予熱する。

<u>作り方</u>
1. ボウルに薄力粉、きび砂糖、ベーキングパウダーを入れ(**a**)、溶かしたバターを加えてゴムベラで混ぜる。
2. 卵と牛乳を加えてさらに混ぜ合わせ(**b**)、なめらかになってきたら(**c**)ゴムベラで生地をまとめてラップで包み(**d**)、冷蔵庫で20〜30分冷やす。
3. 冷蔵庫から生地を取り出して打ち粉をした台にのせ、厚さ3〜4cmにめん棒でのばす。直径6cmのセルクルで抜き、表面に刷毛で卵液を塗る。
4. 天板にオーブンシートを敷いて**3**を並べ、180度のオーブンで18〜20分焼く(**e**)。
5. 粗熱が取れたら横半分に包丁でカットし、スコーンの下半分の上面にバター、マーマレードの順にのせて上半分をかぶせる。

<u>保存方法</u>
生地(**d**)はラップに包み冷蔵で3〜4日間、冷凍で1週間ほど保存可。

> **memo**　生地をストックしておけば、いつでも焼き立てが楽しめます。クリームチーズ＆ジャムなど、いろいろなトッピングで味わって。直径5.5cmのセルクルでも作れます。

a　　　　**b**　　　　**c**　　　　**d**　　　　**e**

身近なヨーグルトで作れる
レアチーズケーキです。
フレッシュチーズを使わないので、
手軽に挑戦できて後味もさっぱり。
季節の果物やジャムを添えれば、
優雅な食後のデザートプレートに。

Crémet d'Anjou

材料　作りやすい分量
ヨーグルト（無糖）　400g
生クリーム　60ml
グラニュー糖　20g
メレンゲ
┊ 卵白　1個分
┊ グラニュー糖　20g
仕上げ用
┊ 葡萄のシロップ（右参照）　適量
┊ 粉糖　適量
┊ ミント　適量

下準備
・約18×18cmの大きさのガーゼを4枚用意
　する。
・ヨーグルトはざるにのせて冷蔵庫に入れ、
　一晩おいて水切りをしておく。

---

memo　ヨーグルトは水切りをして水
分を抜いておきます。メレンゲをしっか
り泡立てて加えることで、ふんわりした
食感になります。

作り方
1. ボウルに生クリームとグラニュー糖を入れ、ハンドミ
   キサーで泡立てる。
2. 水切りしておいたヨーグルトを加え、ゴムベラで混ぜ
   る。
3. P23を参照してメレンゲを作り、**2**に加えて混ぜ合わ
   せる。
4. **3**の生地を4等分にして1つずつガーゼで包み、グラス
   や保存容器に入れて冷蔵庫で一晩冷やす（**a**）。
5. ガーゼを外して皿に盛り、葡萄シロップを添える。粉
   糖をふりかけてミントを飾る。

a

葡萄のシロップ

Sirop de raisin

葡萄のおいしさが凝縮したシロップは、
ソーダで割りジュースで味わうのもおすすめ。
葡萄の粒が大きいときは半分にカットします。

<u>材料</u>　作りやすい分量
葡萄　200g
グラニュー糖　160g
水　40㎖

<u>下準備</u>
・葡萄の実は房から外しておく(**a**)。
・保存瓶は煮沸消毒しておく。

<u>作り方</u>
1. 鍋にすべての材料を入れて中火にかけ(**b, c**)、
   耐熱ゴムベラで混ぜる。丁寧にアクを取りなが
   ら、皮がはじけて果実とばらばらになるくらい
   まで10〜20分煮たら火を止める(**d**)。
2. トングなどで皮を取り除き、熱いうちに汁ごと
   煮沸した瓶に入れて保存する。

<u>保存期間</u>　開封後、冷蔵で7〜10日間保存可。

| **a** | **b** | **c** | **d** |

フランスのブルターニュ地方で
親しまれているファーブルトン。
もっちりとした食感が特徴で
プルーンを入れるのが定番ですが、
ここではバナナジャムをたっぷり使って
風味豊かに仕上げています。

バナナのファーブルトン

Far breton de banane

材料　24.2×19.6cmのバット1枚分
薄力粉　40g
きび砂糖　60g
卵　1個
卵黄　2個分
牛乳　150㎖
生クリーム　100㎖
バナナジャム(右参照)　250g
型用
┃ バター(食塩不使用)　適量
仕上げ用
┃ バナナジャム(右参照)　適量
┃ 粉糖　適量

下準備
・卵と卵黄は常温に出し、それぞれほぐし
　ておく。
・バットにバターを塗ってオーブンシート
　を敷いておく。
・オーブンは170度に予熱する。

memo　バットで手軽に作れます。た
くさん作りたいときは、レシピの材料の
2倍量を直径22cmのマンケ型で焼いても
おいしく仕上がります。

作り方
1. ボウルにきび砂糖、卵、卵黄を入れてホイッパーで混
　ぜ合わせる。
2. 薄力粉をふるいながら加え、ゴムベラで混ぜ合わせる。
　牛乳、生クリームを加えて混ぜ合わせ、裏ごし器でこ
　したら冷蔵庫で1時間ほど冷やす。
3. バットにバナナジャムを広げ、冷蔵庫から生地を出し
　て流し入れ、170度のオーブンで35〜40分焼く(**a**)。
4. 粗熱が取れたらシートごと取り出して6等分にカット
　し、皿に盛る。バナナジャムを添えて粉糖をふりかける。

a

バナナジャム

Confiture de banane

オーブンで作るバナナのジャムです。
バナナが余ったときなどにさっと作れて便利。
アイスのトッピングや肉料理の砂糖の代用にも。

<u>材料　作りやすい分量</u>
バナナ　2〜3本(正味約300g)
グラニュー糖　120g(バナナの約40％)
檸檬果汁　小さじ1

<u>下準備</u>
・バナナは皮をむいて(**a**)スライスしておく。
・オーブンは180度に予熱する。

<u>作り方</u>
1. ボウルにバナナとグラニュー糖を入れ、ゴムベラで混ぜ合わせる。
2. バットにオーブンシートを敷いて**1**をのせ(**b**)、180度のオーブンで10〜15分焼く。
3. 熱いうちに檸檬果汁を加えてヘラなどで混ぜ(**c, d**)、粗熱が取れたら保存容器に入れる。

<u>保存期間</u>　冷蔵で4〜5日間保存可。

a　b　c　d

栗の渋皮煮

Confit de marron

ケーキやクリームの素材にもなる渋皮煮。
重曹を加えた湯に入れてゆでこぼし、
アクをしっかり抜いて渋皮をやわらかくします。

材料　作りやすい分量
栗　500g
きび砂糖　300〜400g
重曹　小さじ2〜3
ラム酒(お好みで)　大さじ1〜2

下準備

・栗は鬼皮をむいて水につけておく(**a, b**)
(熱湯に栗を5分ほどつけておき、栗の底
に包丁の刃元を入れて鬼皮だけをむく。
または専用のハサミで栗の底を少しけず
り取り、鬼皮だけをむく。※渋皮を傷つ
けないように気をつける)。

・保存瓶は煮沸消毒しておく。

作り方

1. 鍋にたっぷりの湯、栗、重曹を入れて火にかける。沸
騰したら中火にし、10分ほどゆでたら火を止めてゆで
こぼす(鍋に湯を流しながら注ぎ、鍋の湯を入れ替え
てきれいにする。※鍋の温度変化がないよう気をつけ
る)。

2. 再び**1**の鍋に湯、重曹を加えて火をかけ、**1**の要領でゆ
でこぼしの作業を2回繰り返す(**c**)。

3. 竹串を使って渋皮の表面の繊維と筋を取り除く(※渋
皮を傷つけないように気をつける)。

4. 鍋に栗と栗が浸るくらいの水を入れ、きび砂糖100gを
加えて火にかける。煮立ったらさらに100gのきび砂
糖を加え、耐熱ゴムベラで軽く混ぜ、中火で10〜15分
煮たら火を止めてそのまま一晩おく。

5. 残りのきび砂糖を加え、再び中火で10〜15分煮たら火
を止める。

6. 冷めたら好みでラム酒を加え、シロップごと煮沸した
瓶に入れて保存する。

保存期間　冷蔵で2〜3カ月間保存可。開封後、冷蔵で
2週間ほど保存可。

a　　　　　　b　　　　　　c

栗のバタークリーム

Crème au beurre de châtaigne

渋皮煮を贅沢に混ぜ込んだ風味豊かなクリーム。
ダコワーズやサブレにサンドするほか、
パンケーキやビスケットに添えて楽しんでも。

<u>材料</u> 作りやすい分量
栗の渋皮煮(左参照) 150g
発酵バター(食塩不使用) 100g
ホワイトチョコレート(刻んだもの) 50g

<u>下準備</u>
・ホワイトチョコレートは湯煎にかけて溶かし
 ておく。
・保存瓶は煮沸消毒しておく。

<u>作り方</u>
1. 栗の渋皮煮をフードプロセッサーに入れ、撹拌
   してなめらかにする。
2. ボウルにバターを入れ、溶かしたホワイトチョ
   コレートを少しずつ加えてハンドミキサーで混
   ぜる。
3. 1の栗のペーストを加えて混ぜ合わせ、少し濃
   度がついてかたさが出てきたら冷蔵庫で冷やす。
4. 煮沸した瓶に入れて保存する。

<u>保存期間</u> 冷蔵で20〜30日間保存可。開封後、
冷蔵で4〜5日間保存可。

Mont blanc

秋のお楽しみは、栗のお菓子を作ること。
こっくりと味わい深い栗の渋皮煮と、
しっとりまろやかなマロンクリーム。
両方堪能できるbionのモンブランは、
栗の季節だけのとっておきのケーキです。
クリームをたっぷり絞って召し上がれ。

材料 5個分

マロンクリーム
├ 栗の渋皮煮(P84参照) 150g
├ 栗の渋皮煮のシロップ(P84参照) 30㎖
├ 生クリーム 50㎖
├ 発酵バター(食塩不使用) 20g
├ ラム酒 6g
ビスキュイ生地(P63参照) ½量
シャンティクリーム(P47参照) 全量
仕上げ用
├ 栗の渋皮煮(P84参照) 5個
├ シャンティクリーム(P47参照) 適量
├ 粉糖 適量

下準備

・すべての材料を常温に出しておく。
・裏ごし器にバットをセットしておく。
・絞り袋を3枚用意して、1枚にモンブラン
 の口金(マロンクリーム用)、1枚に1cmの
 丸口金(ビスキュイ生地用)をつけておく。
 残りの1枚は1cmの丸口金をつけてシャ
 ンティクリームを入れておく。
・オーブンは170度に予熱する。

作り方

1. マロンクリームを作る。栗の渋皮煮は4等分にカット
 し、フードプロセッサーに他のマロンクリームの材料
 とともに入れて細かく粉砕する。バットを敷いた裏ご
 し器でこしてなめらかにし、カードで集めて準備して
 おいた絞り袋に入れる。

2. P63を参照してビスキュイ生地を作り、準備してお
 いた絞り袋に生地を入れ、天板にオーブンシートを敷い
 て直径5cmほどの円を5つ絞る。170度のオーブンで
 10～13分焼き、粗熱が取れたら天板から取り出す。

3. 皿に**2**のビスキュイ生地を1つずつおき、準備してお
 いたシャンティクリームをそれぞれに丸く小高く絞る。
 上から覆うように**1**を縦に絞り(**a,b**)、続けてその上か
 ら交差するように絞る(**c**)。

4. 仕上げ用のシャンティクリームはモンブランの横に絞
 り、栗の渋皮煮は半分にカットして添え、粉糖をふり
 かける。

---

memo マロンクリームがしっとりしないときは、
渋皮煮のシロップを少しずつ足して調整してくださ
い。ビスキュイ生地の分量は多めなので、たくさん
焼いてそのまま食べるなどお楽しみください。また、
ダコワーズ(P23)の生地でも代用できます。

a **b** **c**

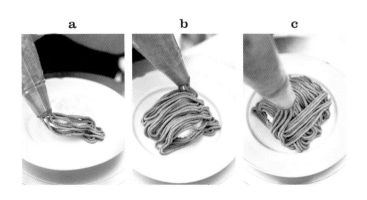

チョコレートが恋しくなる
秋冬におすすめのお菓子です。
簡単に作れてボリュームもあるので
おもてなしにもぴったり。
米粉を使って軽やかな味わいに仕上げました。

無花果のショコラ

Chocolat aux figue

材料　24.2×19.6cmのバット1枚分
チョコレート（刻んだもの）　250g
発酵バター（食塩不使用）　250g
米粉　50g
きび砂糖　90g
卵　4個
無花果のコンポート（右参照）　3個
胡桃　適量
型用
│ バター（食塩不使用）　適量
仕上げ用
│ 無花果のコンポート（右参照）　適量
│ シャンティクリーム（P47参照）　適量
│ ココアパウダー　適量

下準備
・卵は常温に出してほぐしておく。
・無花果のコンポートは4等分にカットし
　ておく（仕上げ用は除く）。
・胡桃は170度のオーブンで7分ほどロー
　ストして砕いておく。
・バットにバターを塗ってオーブンシート
　を敷いておく。
・オーブンは170度に予熱する。

memo　米粉の代わりに薄力粉を使っ
ても、おいしく仕上がります。同じ分量
で作ってください。

作り方

1. ボウルに卵ときび砂糖を入れ、ホイッパーで泡立てる。
2. チョコレートとバターを湯煎で溶かし、**1**に加えて混
　ぜる。米粉も加え、ゴムベラで混ぜ合わせる。
3. バットに流し入れて無花果のコンポートと胡桃をまん
　べんなくのせ、170度のオーブンで18〜20分焼く（**a**）。
4. 粗熱が取れたら、シートごとバットから取り出して好
　みの大きさにカットする。
5. 皿に盛り、仕上げ用の無花果のコンポートを適当な大
　きさにカットして飾り、シャンティクリームを添えて
　ココアパウダーをふりかける。

a

無花果のコンポート

Compote de figue

ショコラやケーキを引き立てるコンポートです。
漬けてまもなくのフレッシュな味わいも、
長く漬け込んだ華やかな風味もどちらも美味。

材料　作りやすい分量
無花果　5〜7個(約500g)
グラニュー糖　200g
白ワイン　250g
檸檬果汁　1個分
水　300㎖

下準備
・保存瓶は煮沸消毒しておく。

作り方
1. 無花果は熱湯にくぐらせてから冷水につけて皮
   をむく。
2. 鍋にグラニュー糖、白ワイン、水を入れて火に
   かけ、沸騰したら中火にして耐熱ゴムベラで軽
   く混ぜる。グラニュー糖が溶けたら檸檬汁を加
   えて火を止め、熱いうちに煮沸した瓶に入れる。
3. 1の無花果の水気をきり、2に加えて保存する。

保存期間　煮汁ごと冷蔵で1〜2週間保存可。

Madeleine à la confiture de poire et de pomme 梨と林檎ジャムのマドレース

梨のジャム

Confiture de poire

撹拌する前のものを果実と果汁に分けると、
コンポートとシロップになります。
梨は水分と糖分が多いので、砂糖の量は調整を。

材料　作りやすい分量
梨　3個(約900g)
グラニュー糖　180g(梨の約20%)
蜂蜜　10g

下準備
・保存瓶は煮沸消毒しておく。

作り方
1. 梨は4等分にカットして皮をむき、芯を取り除いて、いちょう切りにする。
2. 鍋に1を入れ、グラニュー糖を加えて弱〜中火にかけ、アクを取りながら30〜40分煮詰める。
3. アクが出なくなったら蜂蜜を加え、ひと混ぜしたら火を止めてハンディプロセッサーで撹拌する。
4. 熱いうちに煮沸した瓶に入れて保存する。

保存期間　開封後、冷蔵で7〜10日間保存可。

林檎のジャム

Confiture de pomme

シナモンパウダーをふると風味が増し、
ヨーグルトやアイスに添えても楽しめます。
ジャムにする前の煮詰めた林檎もおいしいです。

材料　作りやすい分量
林檎　3個(約750g)
グラニュー糖　450g(林檎の約60%)
水　250ml

下準備
・保存瓶は煮沸消毒しておく。

作り方
1. 林檎は皮ごと4等分にカットして芯を取り除き、いちょう切りにする。
2. 鍋に1を入れ、グラニュー糖を加えて弱〜中火にかけ、アクを取りながら30分ほど煮詰める。途中、鍋底に林檎がくっついて焦げそうになったら耐熱ゴムベラで混ぜる。
3. 水分がなくなったら水を加え、再び弱〜中火で20〜30分煮詰める。
4. 火を止めてハンディプロセッサーで撹拌し、熱いうちに煮沸した瓶に入れて保存する。

保存期間　開封後、冷蔵で7〜10日間保存可。

バターの香りと蜂蜜のやさしい甘さが
ふわりと広がるbionのマドレーヌは、
幼い頃の記憶から生まれた大切なお菓子。
お好みのジャムを生地にのせて焼き込むと、
プレーンとはまたひと味違う
豊かな風味が楽しめます。

梨と林檎ジャムのマドレーヌ

Madeleine à la confiture de poire et de pomme

材料　5×8cmのマドレーヌ8〜10個分
薄力粉　80g
グラニュー糖　70g
発酵バター(食塩不使用)　80g
卵　2個
ベーキングパウダー　3g
蜂蜜　20g
梨ジャムまたは林檎ジャム(P93参照)
　60〜70g
型用
| バター(食塩不使用)　適量
| 強力粉　適量

下準備
・バターは溶かしておく(P16参照)。
・卵は常温に出してほぐしておく。
・絞り袋に1cmの丸口金をつけておく。
・型にバターを塗って強力粉をふり、冷蔵
　庫で冷やしておく。
・オーブンは190度に予熱する。

作り方
1. ボウルに卵を入れ、グラニュー糖を加えてホイッパーで混ぜ合わせる。グラニュー糖がなじんだら蜂蜜も加えて混ぜる。
2. 薄力粉とベーキングパウダーをふるいながら2〜3回に分けて加え、その都度ゴムベラで混ぜる。
3. 溶かしたバターを加え、ムラなく混ぜたらラップをかぶせ、ボウルごと冷蔵庫に入れて3時間〜一晩生地を休ませる。
4. 生地を冷蔵庫から取り出して絞り袋に入れ、型に7分目くらいずつ絞り(**a**)、梨ジャムまたは林檎ジャムをスプーンで小さじ1くらいずつのせる(**b**)。その上に残りの生地を9分目くらいまで絞り(**c, d**)、190度のオーブンで10〜12分焼く。

memo　アルミ製のマドレーヌカップでも作れます。バターの温度が低いと生地が混ざりにくいので注意してください。

a　　　　b　　　　c　　　　d

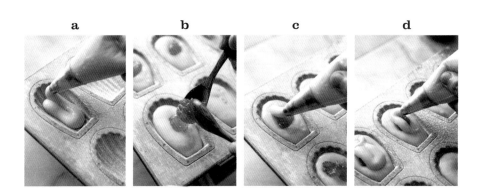

Column #03

思い出のマドレーヌとともに

　フランスの各地方のお菓子の由来を辿っていくうちに、その誕生の背景と深く関わっていた中世の修道院へと導かれ、やがてお店でお菓子を作るようになると、包み紙やクッキー缶に修道女のイラストを描いてもらうようになりました。

　一つひとつに物語があるフランスの郷土菓子。ファーブルトン、ダコワーズ、クグロフ、クロッカン……。その素朴な味わいは今も変わらず親しまれ、歴史を伝えています。

　私が出会ったフランスの方々は、お菓子をいただく時間をとても大切にとても楽しみにしていて、作る人も食べる人も大好きなお菓子を目の前にすると皆ほんとうに幸せいっぱいの笑顔に包まれます。

　それは、私が幼い頃に味わったマドレーヌの記憶とも重なります。祖母によく連れて行ってもらった和菓子屋さんに一つだけ焼き菓子があり、それがアルミのカップに入った少し平たいマドレーヌでした。いつも楽しみで、すごくおいしくて、こんなお菓子を自分でも作ってみたいと思ったことが、私のお菓子作りの原点になっています。

　あのうれしさを、ずっと忘れないようにしたいと思っています。

bionのお菓子の
基本的な材料

香りの良いもの、新鮮なもの、丹精込めて作られたもの、
そして何より素材の味わいがちゃんと伝わってくるもの。
お菓子に使う材料は、風味があっておいしいものを選んでいます。

1生クリームは後味さっぱりで仕上げたいときは乳脂肪35％、コクを出したいときは45％など、好みで使い分けています。**2**牛乳は酪農家の方々が大事に育てた牛の搾り立ての生乳を使用。**3**卵はMサイズを使用。使用する際は温度に気をつけてください。**4**風味が良くまろやかな味わいのきび砂糖。グラニュー糖や粉糖と合わせて使います。**5**九州産の全粒粉。表皮と胚芽の風味が香ばしく、薄力粉に加えると味わい豊かに。**6**粉の味わいの良い国産の薄力粉。保管は湿気に気をつけて。**7**香りとコクのある発酵バターを使用。無塩バターでもおいしく作れます。

お菓子作りの
基本的な道具

生地作りに活躍する手軽で使い勝手の良い道具から、
この本の2章で使っている4つのベーシックなケーキ型まで、
bionのキッチンでも愛用している便利な道具たちを紹介します。

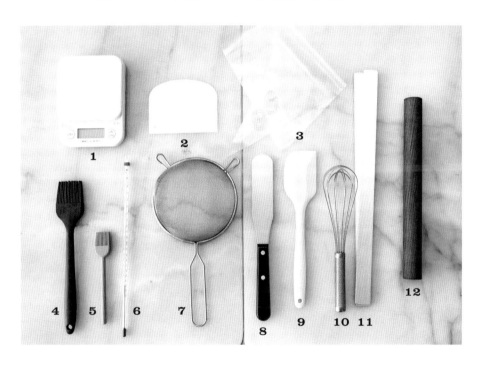

1少量から量れるデジタルスケール。**2**生地を分けるときに便利なカード。**3**絞り袋と口金はクリームなどを絞るときに。**4,5**刷毛は2サイズを活用。**6**スイスメレンゲなどの温度を計る温度計。**7**粉類をふるうためのストレーナー（こし器）。**8**パレットナイフはクリームをならすときに。**9**ゴムベラ（スパチュラ）は耐熱性のものを。**10**ホイッパー（泡立て器）は粉をふるうときにこし器の中を混ぜられる小さいものもあると便利。**11, 12**生地を一定の厚さにのばせるルーラーとめん棒。その他、ハンドミキサーやフードプロセッサーがあると便利です。

2章で登場する4つの型。**13**直径18cm底取れ丸型。**14**直径18cmタルトリング型。**15**直径15cmクグロフ型。**16**直径22cmマンケ型。その他、1・3章では野田琺瑯のバット（21取）を使用。

profile　寺井きよみ（てらい・きよみ）

幼少期より菓子作りが好きでル・コル
ドン・ブルー、フードアカデミー、カ
フェにて菓子の基礎を学ぶ。2010年
よりフランス地方菓子の素朴な魅力に
惹かれ、季節の美味しい素材を焼き込
んだ焼き菓子やタルトの製作をはじめ、
お店を開く。お菓子教室やフードイベ
ントへの出品など幅広く活躍中。

喫茶と焼き菓子　bion
〒801-0841　福岡県北九州市
門司区西海岸1-4-24 101
https://bion.storeinfo.jp
Instagram : @bion.kiyomi

staff　撮影　　　　　　　　　　新居明子
デザイン　　　　　　　　葉田いづみ
スタイリング（3章をのぞく）　　上良美紀
取材・文・レシピ原稿整理　　山形恭子
編集　　　　　　　　　　鈴木理恵
編集担当　　森 香織（朝日新聞出版）

イラスト（P93）　　　Isabelle Boinot
撮影協力
大神ファーム、お茶のカジハラ、
山中農場、天の製茶園、中野農園、
bionスタッフ

門司港『bion』の焼き菓子と季節のケーキ

2023年12月30日　第1刷発行

著　者　寺井きよみ
編　者　朝日新聞出版
発行者　片桐圭子
発行所　朝日新聞出版　〒104-8011 東京都中央区築地5-3-2
　　　　（お問い合わせ）infojitsuyo@asahi.com
印刷所　株式会社シナノグラフィックス

©2023　Kiyomi Terai　Published in Japan by Asahi Shimbun Publications Inc.
ISBN 978-4-02-334151-7